徹底霊査

橋下徹は宰相の器か

大川隆法

RYUHO OKAWA

まえがき

予期していなかった仕事ではあるが、マスコミが橋下大阪市長を「次の総理か？」と一斉に持ち上げ始めたので、国政を過たせないため、また、国民をミスリードさせないため、一石を投じることとした。

橋下市長は、弁論術にたけた、タレント性の高い人だとは思う。しかし、その政治手法は、合気道のように相手が技をかけてきたとき、身をひるがえして勝ったように見せているかのようだ。

一貫して本質は見せなかったというか、甲殻類がタコをかぶったような感じで、「弱みを見せない」というところが、案外に弱みそのものかもしれない。

これはまだ、本当の帝王学を身につけていないため、赤心で人に相対することができないのではなかろうか。

本書が、本人にとって自分を知るきっかけとなり、マスコミにとっても、正論を考える材料になれば幸いである。

二〇一二年　五月十七日

幸福の科学グループ創始者兼総裁　大川隆法

徹底霊査　橋下徹は宰相の器か　目次

まえがき　1

徹底霊査　橋下徹は宰相の器か

二〇一二年五月十日　橋下徹守護霊の霊示
東京都・幸福の科学総合本部にて

「霊言現象」とは、あの世の霊存在の言葉を語り下ろす現象のことをいう。これは高度な悟りを開いた者に特有のものであり、「霊媒現象」（トランス状態になって意識を失い、霊が一方的にしゃべる現象）とは異なる。

また、人間の魂は原則として六人のグループからなり、あの世に残っている「魂の兄弟」の一人が守護霊を務めている。つまり、守護霊は、実は自分自身の魂の一部である。したがって、「守護霊の霊言」とは、いわば本人の潜在意識にアクセスしたものであり、その内容は、その人が潜在意識で考えていること（本心）と考えてよい。

なお、「霊言」は、あくまでも霊人の意見であり、幸福の科学グループとしての見解と矛盾する内容を含む場合がある点、付記しておきたい。

徹底霊査　橋下徹は宰相の器か

二〇一二年五月十日　橋下徹守護霊の霊示
東京都・幸福の科学総合本部にて

橋下徹（一九六九～）

日本の政治家で、現在、大阪市長、「大阪維新の会」代表。早稲田大学政治経済学部卒業後、弁護士となり、テレビ番組「行列のできる法律相談所」等のレギュラー出演者として人気を博す。二〇〇八年、大阪府知事に就任したが、二〇一一年には「大阪都構想」を掲げて大阪市長選に立候補し、当選を果たした。その政治手法は、ファシズムになぞらえて「ハシズム（橋下主義）」とも呼ばれ、批判もされている。

質問者　※質問順

酒井太守（幸福の科学宗務本部担当理事長特別補佐）
黒川白雲（幸福実現党政調会長）
綾織次郎（「ザ・リバティ」編集長）

［役職は収録時点のもの］

1　橋下徹大阪市長を霊査する理由

「次の総理」と言われ始めた橋下徹大阪市長

大川隆法　今日は橋下徹大阪市長の守護霊の霊言を収録したいと思います。

大阪市長をしておられる方を霊査し、その内容を本にするかもしれないわけですが、私の今までの仕事から見ると、通常、宰相クラスでなければ霊査の対象にはならないので、市長クラスに対する霊査を本にしたりすることは珍しいと言えます。

ただ、橋下徹氏に関しては、現在、マスコミ等がかなり持ち上げてきています。

今朝の新聞には「文藝春秋」の六月号の広告が出ていますが、「『平成維新』12人の公開質問状」という言葉とともに、それよりも大きな文字で、「橋下徹が『総理』になる日」という言葉が出ています。橋下氏に対する応援と批判のどちらにでも取れるような書き方をして、両側の人たちを引っ張れる広告を出しているのです。

また、少し前には、「週刊現代」にも、「どうやら橋下氏が次の総理らしい」というような記事がありました。これと類似のものは、ほかにもあると思います。

これは一過性のものなのか、それとも、「次の総理は橋下か、橋下ではないのか」というようなかたちで今後も続くものなのか、分からないところがあります。

地方自治体の長を対象にし、当会が全力を挙げて、あれこれ言うのはどうかとは思うのですが、鳩山氏が代表だったときの民主党が、前回の衆院選で三百議席以上を取って第一党になり、鳩山内閣発足時に約七十パーセントもの支持率を得たときにも、当会は事前に声を上げていました。

その選挙においては、「民主党が勝つだろう」という予想がマスコミから出ていましたが、「これは国難選挙です。民主党が政権を取ったら国難が来ます」ということを、当会は、かなり申し上げたのです。しかし、私どもの声は、当時、国民には、ほとんど届かず、国民は、マスコミの応援を受けたようなかたちの民主党の候補者を大量に当選させました。ところが、その一年後には、国民も国難の到来が実体験として分かったわけです。

したがって、事前に調べられるものについては調べて、そのよし悪しを見ておくべきではないかと思います。

今朝、私は『平成の鬼平へのファイナル・ジャッジメント』（幸福実現党刊）という著書の校正をしていました。この本は、まもなく発刊されますが、「亡くなったばかりの三重野元日銀総裁が生前に行ったバブル潰しは、霊的に、どう評価されるのか」というようなことが、その内容です。

ただ、終わったあとで言うのでは少し遅いかもしれないので、やはり、ある程度、事前に声を上げることが大事だと思うのです。

橋下氏の「器」を判断するため、その守護霊を招霊する

大川隆法　橋下氏について、私は大した情報を持っていませんし、印象も、それほど強くはありません。「行列のできる法律相談所」に出ているのを見て、「面白く話す弁護士だな」と思っていたぐらいなのですが、いつの間にか大阪府知事になっていました。

そして、彼が「大阪府知事を辞めて大阪市長になる」と言い、「大阪都構想」を打ち出してきたあたりで、何か騒がしくなってきたように感じています。私としては、その程度のイメージだったのです。

また、「どこかで聞いたような政策を、よく口走っているな」という印象を受けていました。「おそらく、水面下では、そうとう、私の著書を読んだり、幸福実現党の政策を見たりしているのだろう」と推定しています。

彼は、当会が協調し、共闘していくべき相手なのか、それとも、潜在的には危険な相手であり、一定の距離を取るべき相手なのか、このへんを見極めないといけません。

今後、マスコミは、この人をオモチャにしていくのだろうと思いますが、彼は、それを乗り切り、勝ち上がっていけるタイプの人なのでしょうか。

それとも、小沢一郎氏にもう力がなくなってきているので、小沢氏の代わりとして、悪役プロレスラー風に独裁者のごとく振る舞ってくれる人をマスコミは求めていて、単に、叩きがいのある人を探しているだけなのでしょうか。

このへんについても知りたいところです。

「次の総理は橋下氏」というのは、マスコミも最初は冗談半分に言い始めたことだろうと思いますが、「瓢箪から駒」ということもあります。「大阪市長から宰相を狙う」ということで盛り上げられ、橋下氏が天下取りに出て、本当に宰相になったときには、どのような仕事ができるのでしょうか。鳩山元首相や菅前首相のようなレベルなのでしょうか。あるいは、一定の経験と知識があれば、首相が務まるタイプなのでしょうか。そのへんも見極めてみたいと思います。

橋下氏の経歴を見ると、光と影の両方を持っている人のように思われます。それが悪いとは必ずしも言えないので、「どういう風の吹き回しで、どのようになってくるか」は分かりません。

ただ、ある程度、「口八丁手八丁」の人であることは間違いないので、甘く対応すると、当会も上手に足場として使われていくだろうと推定できます。

そこで、今回は、悪魔との対話も経験した人を質問者として用意しています。霊が嘘をついたときに、その化けの皮を剝がさなくてはいけないと考えたからです。彼の守護霊は嘘ぐらい平気で言うのではないかと思います。

霊が言ったことだからといって、全部が本当だとは限りません。霊も嘘をつくことがありますし、宗教が好きな「過去世」について訊かれると、堂々と大ぼらを吹くことだって、ないとは言えないのですが、それをそのまま認定したら、当会が連帯保証をしたのと同じになるのです。

今、マスコミは、幸福の科学を完全に信用していないわけではなく、情報源として、ある程度、参考にしています。

橋下氏の「器」について、判断する時間はまだあるでしょうから、マスコミに先駆けて、マスコミが取材できないところまで取材してみたいと思います。

橋下氏に対しても「ファイナル・ジャッジメント」を

大川隆法　今の私の立場はニュートラル（中立）です。

橋下氏について、政策的には、「是」の部分も「非」の部分もあるように思います。

また、現在、彼に関する人物論が盛んなようですが、これまでの行動だけでは、どういう人物であるか、分かりかねる面があります。

この人の政治手法は「ハシズム」とも言われ、彼はヒトラーのように言われたりすることもありますが、私もヒトラーのように言われたことがあるので、これだけでは、彼について何とも申し上げられません。

マスコミのオモチャにされるだけなのか。それを逆利用するところまで力があるのか。本心では、本当に国政に進出し、総理・総裁まで狙っているのか。あるいは、それは単なる「から騒ぎ」であって、「大阪都ができたら、それでよい」と思っているのか。このへんについて知りたいところではあります。

そのへんを上手に訊いてみて、彼に対しても、「ファイナル・ジャッジメント（最後の審判）」を下さなければいけないと思います。

そして、「当会が協力すべき相手だ」と思うのなら、それなりに取り扱うべきだと思います。

幸福の科学は宗教団体ですし、幸福実現党は政党なので、共に公器です。マスコミはマスコミなりの立場で判定しているでしょうが、当会は当会なりの立場で判定し、彼について、「是か非か」を問うていきたいと思います。

ただ、この人に関する客観的な情報をチラチラと見ている私の印象を述べると、彼は、確かに口は立つので、ある程度、期待が集まるのは分かりますが、国政に関しては、まだ少し自信がないように見えます。

石原都知事を担ごうとしたりしているので、「やはり知恵袋が欲しいのかな」と思います。あるいは、「国会議員を黙らせるために石原氏が欲しいのかな」というように見えなくもないのです。

また、国政のほうで天下取りをするには軍師がいません。「よい軍師が付かないと、まだ厳しい面があるのではないか」と感じられます。

この人は四十二歳ぐらいで「次の総理か」と言われているわけですが、その意味では、「四十歳を超えたか、超えないか」というあたりである、幸福実現党の立木党首も、そろそろ燃え上がらないといけない年にはなっているので、年齢を言い訳にしてはいられません。「その次は立木か」「いや、あるいは、こちらが先か」などと言われないといけないかもしれないので、微妙なところですね。

霊の発言を、そのまま信じてはいけない

大川隆法　すでに述べたように、今の私の立場はニュートラルですが、橋下氏の守護霊と質問者たちとが対話をする過程で、しだいに、「どういう人か」ということを見極めていきたいと思います。

ただ、「霊が言ったことを、『霊が言ったから』という理由で、そのまま、全部、信じてはいけない」ということだけは念を押しておきます。

霊の発言が活字などになって残った場合に、「幸福の科学が承認した」と認定されると困るものについては、質問者のほうで、多少、批判なり反論なりを言って、ドロー（引き分け）にはしておかないといけないでしょう。

今日は、そういう立場で霊言を収録したいと考えているので、よろしくお願いします。

橋下氏は、そうとう口が立つのですが、守護霊の場合には、嘘をつきにくいところがありますし、私を通じて霊言を行うと、いちおう私に監視されている状態にはなるため、露骨な嘘をつきにくい面が、あることはあるのですが、ある程度、彼の守護霊

に言論の自由を許すつもりではいます。

（質問者たちに）頑張ってください。当会の今後の方針を決める意味でも大事でしょう。もし、「これは大物だ」ということになれば、それなりに立場を考えなくてはいけないかもしれません。

では、始めます。

（合掌し、瞑目する）

大阪市長である橋下徹氏について霊査したいと思います。

今、マスコミでは、「次の総理」という噂もある、橋下徹市長の守護霊を、お呼び申し上げたいと思います。

橋下徹市長の守護霊よ、どうか、幸福の科学総合本部に降りたまいて、その本音を語りたまえ。

橋下徹市長の守護霊よ、どうか、幸福の科学総合本部に降りたまいて、その本音を語りたまえ。

（約二十五秒間の沈黙(ちんもく)）

2 政治家として目指しているもの

国政選挙には推されなければ出ない

橋下徹守護霊　うん？

酒井　こんにちは。橋下徹市長の守護霊でございますか。

橋下徹守護霊　ハッハッハッハ。

酒井　今、どちらにいらっしゃったのですか。

橋下徹守護霊　大阪だよ。

酒井　大阪ですか。

橋下徹守護霊　大阪じゃないの？

酒井　いや、ここは東京です。

橋下徹守護霊　新幹線に乗ったかなあ。

酒井　ええ……。

橋下徹守護霊　じゃあ、新幹線が着いたんだ。

酒井　私（わたくし）は、宗教法人幸福の科学の酒井太守（たいしゅ）と申します。よろしくお願いします。

橋下徹守護霊　酒井……。まあ、幸福の科学は知ってるよ。

酒井　ご存じですか。

橋下徹守護霊　うんうん。それは知ってる。

酒井　幸福実現党もご存じですか。

橋下徹守護霊　うん。まあ、それは知ってるよ。

酒井　すでにお読みになられているかもしれませんが、「文藝春秋」に、「橋下徹が『総理』になる日」という記事が載っています。

橋下徹守護霊　ああ、いいことを書いてるよな。「題」だけはな。

酒井　いいことが書いてある？

橋下徹守護霊　「題」はな。うん。

酒井　これは、国政選挙を前提とした記事ですが、出るおつもりはあるのでしょうか。

橋下徹守護霊　いや、別に、俺は市長だからねえ。大阪市の市民に責任がある立場だからねえ。それについては、全然、何も言ってない。

酒井　出るおつもりは全然ないのですね。

橋下徹守護霊　ああ、ないが……、いやいや、世間がね、「日本国民が私を求めてる」っちゅうのなら、熟考してみる余地はあるなあ。

酒井　はっきりとは決断できないのですか。

橋下徹守護霊　え？

酒井　優柔不断ではないですか。

橋下徹守護霊　優柔不断じゃないですよ。君ぃ、天下国家を論じるには、策を練らなきゃいかんでしょう。

酒井　なぜ、「維新政治塾」に大量の人を集めたのですか。

橋下徹守護霊　えー、それは、いちおう、国政を考えてるんだろうねえ。

酒井　やはり、考えているんじゃないですか。

橋下徹守護霊　あ、そうだね。まあ、そういうこともあるかもしらんが。ただ、まあ、私は推されないと出ませんから。

酒井　推されないと出ないのですか。メインの人が一人だけ出ないなんて、ありえないですよね。

橋下徹守護霊　でしょ？　やっぱり、勝負のカードは最後に切らなきゃいけない。

酒井　では、最後まで、はっきりとは言わないわけですか。

橋下徹守護霊　うん。先に切ったら駄目じゃないか。「自分がなりたい」なんて言ったら終わりだよ。

酒井　お上手ですね。

橋下徹守護霊　周りから推されないといけないなあ。

「口一つで偉くなる」のが早稲田の文化？

酒井　そのへんの手法は、いつ、身につけられたのですか。

橋下徹守護霊　それはねえ、黒川政調会長から教わったんだよ（会場笑）。

酒井　そんなバカな話があるわけないじゃないですか。

橋下徹守護霊　そらそうだよ。先輩から処世術を教わったんだよ。（注。黒川は、橋下氏と同じく早稲田大学政治経済学部の出身。）

酒井　いやいやいや。（黒川に）どうなんですか。

黒川　幸福実現党の黒川と申します。

橋下徹守護霊　なあ、先輩、教えてくれたんだよな。

黒川　いえいえ（苦笑）。一度だけ、ご本人とお会いしたことはありますが。

橋下徹守護霊　だいたい教えてくれるんだ。これが文化なんだよ。なあ？（酒井に）あんただって、仲間みたいなもんなんだろ？　半分ぐらいは。

酒井　誰の仲間ですか。

橋下徹守護霊　わしの。

酒井　なぜ、あなたと仲間なのですか。

橋下徹守護霊　え？　早稲田だろうが。

酒井　はい。（注。酒井は早稲田大学法学部出身。）

橋下徹守護霊　早稲田は、キツネ、タヌキの仲間だからさあ。

酒井　（苦笑）

橋下徹守護霊　人をたぶらかして商売してるのが早稲田だ。だろ？　口一つで偉くなるのが早稲田やないか。

財力があるのは慶応なんだ。早稲田には財力がない。口だけだ。口一つで出馬するんだ。

酒井　要するに、あなたは、「口だけだ」ということですか。

橋下徹守護霊　そう。もちろん、そのとおりや。

酒井　そうですか。

橋下徹守護霊　口だけや。なあ、先輩?（会場笑）

黒川　（苦笑）心も大事だと思いますので、ぜひ誠意を持って……。

橋下徹守護霊　心も知識も大事だけど、それも口から出るもんやな。

「不幸な人間を虐(しいた)げた国家権力を乗っ取りたい」という志

酒井　その、「推されたら、国政に出ないでもない」というお話からすると……。

橋下徹守護霊　いやあ、それは勝率というか、見通しを立てないかんわな。

酒井　ただ、あなたが目指しているものは、いったい、何なのですか。

橋下徹守護霊　え?　私が目指してるもの?

酒井　はい。

橋下徹守護霊　なんや知らんが、盲目的(もうもく)衝動(しょうどう)は感じとるのよ。

酒井　盲目的衝動とは何ですか。

橋下徹守護霊　盲目的衝動っていうか、やっぱり、「一旗揚げたい」っていう感じは、関西人や九州人なら、みな、あるじゃないか。

酒井　要するに、権力が欲しい？

橋下徹守護霊　権力っていうんじゃないんだなあ。

酒井　名誉ですか。地位ですか。

橋下徹守護霊　権力じゃなくて……。何て言うの？　君たちと「志」は一緒なんだよ。不幸な人間を虐げた国家権力を乗っ取って、反権力が権力を乗っ取ってだねえ、そして、「世の中をスカーッとしたい」っていう気持ちが……。

酒井　つまり、「国家権力が虐げている」と？

橋下徹守護霊　貧乏人は虐げられてるよ。なあ？

酒井　貧乏人を虐げている？

橋下徹守護霊　うーん。それはそうだよ。

酒井　そして、金持ちも虐げていると？

橋下徹守護霊　金持ちも？　そんなのは知らん。違（ちが）うよ。大阪には貧乏人が多いんだよ。君ねえ、知ってる？　低所得の人がいっぱいいるんだからさあ。そういう人たちが私を担（かつ）ぎ上げているんであって、だから、まあ、私は、日本のオバマだな。

綾織　その、「スカッとしたい」というのは、「お金持ちからお金を取りたい」ということですか。

橋下徹守護霊　うーん、まあ、貧乏人からも取るけども、やっぱりさあ、関西の気質には、東京の、何ちゅうかな、高慢（こうまん）ちきな体質？　それをぶっ潰（つぶ）したいっていう気分があるよなあ。

綾織　東京をぶっ潰したい？

橋下徹守護霊　うーん。

酒井　あなたは東京生まれではありませんか。

橋下徹守護霊　え？　それ、言っちゃいけないじゃない。何言ってんのよ。せっかく関西人のふりしてんのに。

綾織　では、やはり、「大阪を基盤(きばん)にしていく」という方針は変わらないわけですね。大阪のために仕事をすると……。

橋下徹守護霊　いやあ、それは分かんねえよ。コロッと変わるかもしんねえ。

酒井　コロッと変わる？

橋下徹守護霊　いや、東京も狙(ねら)ってんだけど、今はまだ、場所をはっきり特定できないんだ。

酒井　「まず人気を得てから」ですか。

橋下徹守護霊　うん。東京の足場は少し弱いのでね。

幸福実現党の政策等は参考にしている

橋下徹守護霊　あ、やっぱり、「幸福実現党あたりを吸収合併できるとええなあ」とは思っているよ。

これを足場に使えたらええなあ。国政に出るのに、ちょうどええぐらいの傭兵隊になるんじゃないか。

酒井　ああ、だから、うちのまねをしているわけですか。

橋下徹守護霊　何言ってんのよ。まねしてんじゃなくて、君たちの考えを世に広げるのを、ちょっとだけ手伝ってやってるんじゃないか。

綾織　橋下市長には、大川総裁の書籍を研究されているようなところが、かなり、ありますよね。

橋下徹守護霊　うーん。俺は、国政の勉強までは十分にしてなかったから、ちょっと参考にしてるし、今回の天下取りのあれだって、二〇〇九年の衆院選で、あんたらは全選挙区に候補者を立てて戦いを挑(いど)んで負けたけど、「それと同じようなことを、もうちょっとうまいことマスコミを操作して、やれんかなあ」みたいなのは、いちおう念頭にはあるけどなあ。

黒川　参議院廃止(はいし)論や首相公選制導入など、幸福実現党で出している政策を、うまく使われているように思いますが。

橋下徹守護霊　それは、独裁者を上手に演出すれば、うまくいくかもしれないじゃないか。

黒川　ご本人は、首相公選制導入にかなり強い思いを持たれているようですね。

橋下徹守護霊　うん。そうでないと、要するに、首相になれないからさあ。今の自民党・民主党の二大政党の枠（わく）じゃあ、「それで多数を取り、そのトップを取って、首相になる」っていうのは、あなた、なかなかできるはずがないじゃない。

黒川　やはり、橋下さんは、「最短距離（きょり）で首相になるには、どうすればよいか」ということを考えておられるわけですか。

橋下徹守護霊　公選制なら、一発でなれちゃうじゃないか。なあ？

　だから、まあ、あんたがたの考えたことは参考にしてるよ。考えてることぐらい、お互（たが）い分かるさ。そら分かるよ。だから、あんたがたも、そのへんを狙ってんだろうなあと思うけども。

　宗教は、においが付いてるもんだから、あんたがたは、もうひとつ、ブームに乗り損（そこ）ねたんだろうけど、俺には、そのにおいが付いてないからさ。もう、テレビでだいぶ顔も売ってあるから、うまいことマスコミの操作さえ十分にできりゃあ、もしかしたら、もしかするかもしれないなあ。

支持率さえ取れれば「脱原発」でも「再稼働」でも構わない

綾織　今、橋下市長は、「脱原発」を主張されていますが、これは、やはり、マスコミ操作の一つでしょうか。

橋下徹守護霊　いやあ、立木党首が怒りよるからさあ。なんか、ちょっと怒っとるから……。

黒川　幸福実現党は、立木党首や私も参加し、四月二十五日、大阪市役所の近くで、「原発の再稼動を求める市民集会・デモ」をさせていただきました。

橋下徹守護霊　なんや、怒るんやったら、一秒で考えが変わるわねえ。

黒川　確かに、その翌日、四月二十六日、橋下市長は、原発の再稼動を容認する発言をされましたね。

橋下徹守護霊　いや、俺は、どうでもええんだ。支持率さえ取れれば、どっちでも構わないんだよ。ほんとは、どうってことはないんだよ。

黒川　それはポピュリズム（大衆迎合主義）ではありませんか。

橋下徹守護霊　いや、そんなことはない。これが政治の本質じゃないか。何言ってるんだよ。

黒川　政治的な信念として、ご本人は、おそらく核武装論者ではないかと思うのですが、そのへんはいかがでしょうか。

橋下徹守護霊　いやいや、信念って……。君ぃ、なんで「核武装論者だ」って決めつけるんだよ。

黒川　「橋下市長は、過去にテレビで核武装発言をした」という話も出ています。

橋下徹守護霊　いやいや、それはねえ、あなた、先輩として、後輩に対するいたわりが足りないよ。それは、今、皮を剝いちゃいけない部分じゃないか。

黒川　先日、お会いしたとき、あなた（本人）は、私に、「自主防衛のところは一緒だね」とおっしゃっていたではありませんか。

橋下徹守護霊　ああ、君らは、「一緒だ」と思ったんだろうけど、「核武装」なんちゅうのは、総理を取ってから言わないと駄目なんだよ。その前に言ったら、マスコミに潰されるんだ。そんなこと言っちゃいけないんだよ。

黒川　分かりました。ただ、マスコミ戦略で「脱原発」と言っておられるのかもしれませんが、本当に脱原発を実行したら、核武装の余地もなくなりますよ。

橋下徹守護霊　うーん……。いやあ、大飯原発については、「反対してるほうが、今は支持率が上がるかなあ」と思ってね。

黒川　支持率が上がればいいわけですか。

橋下徹守護霊　どうせ、また再稼動するの、分かってっからさあ。ポピュリスト（大衆迎合主義者）かどうかは知らんけど、そういう声が高まれば、そう変えればいいだけのことだよ。

黒川　信念もなく、支持率が取れる政策だけを出していくのは、ポピュリズムだと思います。

橋下徹守護霊　そのときそのときに、最高の支持率を取れる政策を出していくことが大事。変えるのは、やぶさかでないよ。別に私は大飯原発の横に住んでるわけでないから、どうでもいいんだよ。

「大阪都構想」は、今後どうするのか

黒川　ご本人としては、国防に対して強い信念をお持ちですか。

橋下徹守護霊　ああ、そんなに持ってない。頭は、国内のほうに向いてるので（笑）、あんまり持ってないんだけども、まあ、今、「ちょっと勉強しなきゃいけない」と思って、最近、いろいろ仕入れてるところだ。

黒川　「維新八策」では憲法九条について触れておられませんが、ご自身の信念としては、どうなのでしょうか。ほかの論点についてはパシパシッと言われていますが、

憲法九条改正の是非については、しどろもどろ感があります。

橋下徹守護霊　まあ、地方自治体の長としては、分が過ぎてる面はあるからさあ。それに、あんたらの言ってる批判も聞こえてきてるからさあ。沖縄で地方主権みたいなのが言われて、国家主権がグニャグニャに振り回されているけど、「大阪もやるんかい?」って言われたら、それは、ちょっと考えてなかったからなあ。今まで、地方分権に反対する人はいなかったからね。

あんたがたが出てくる前は、地方分権に対しては、みんな賛成だった。与党から野党まで、みんな賛成だったので、反対したのは、たぶん、あんたがたが最初だと思うけど、普通は、「賛成だ」と言っとけば、だいたい、いいんだよ。地元の人も、「そのほうが予算が増えるかなあ」と思って、投票してくれるからさ。

だけど、あんたらは、強硬に、「地方分権の時代ではない。中央集権をもっとしっかりしないと駄目だ」というか、「対外的にはそうあるべきだ」って言うからさあ。まあ、勉強してみたら、そういう気も、ちょっとしてきたので……。

綾織　「大阪都構想」は、どうされますか。今、国政を巻き込んで、国会に法案を出させようとしていますが。

橋下徹守護霊　今、ちょうど、そこを突かれてるからさあ。「国政に出たら、大阪都はどうするんだね。放り出すんかい？」っちゅうて突かれてるから、今、そこを理論武装しなきゃいけないよなあ。

綾織　うまくフェードアウトさせていきますか。

橋下徹守護霊　もし国政に行くまでに時間があれば、大阪都を先にやって、その実績を踏み台にしていくことだって、ありえるしさあ。

黒川　「大阪都構想」は、最近、フェードアウトしてきている感じがします。

橋下徹守護霊　うん、そうなのよ。予想外に人気が出てきたからさあ。ここまで人気が出るとは思わなかったところが、予想外だった。

まあ、人が考えないことを考えると、人気が出るんだよな。だって、「府知事が市長になる」なんて、考えられないことをやったからさあ。

総理としての国家構想は、「これから考える」

綾織　先ほどのお話では、「そのときそのときに、いちばん人気のある政策を出す」ということですけれども。

橋下徹守護霊　うん。それ、ポピュリズムって言うんか。

綾織　ええ。

橋下徹守護霊　そうか。英語は、ちょっと、勉強が足りなくてなあ。よく分かんねえんだよ。

綾織　国政に出て、もし仮に総理という立場に立ったときに、あなたは何をされたいですか。

橋下徹守護霊　あ、「総理という立場に立ったときに」という質問？

綾織　ぜひ、お伺いしたいと思います。

橋下徹守護霊　それが前提ですか。「ザ・リバティ」誌は、そう考えておられる？

綾織　（苦笑）いえいえいえ。

橋下徹守護霊　ま、「文藝春秋」誌は、私が総理になった日のことを考えてくださっているが、「ザ・リバティ」誌も、私が総理になったらどうするかを訊きたい？

綾織　それは、お話を伺ってから判断させていただきます。

橋下徹守護霊　ハアー。あんたが、「可能性は何パーセントぐらいある」と思ってるかによって、答えが違うな。

綾織　私の立場は、まったくのニュートラル（中立）です。

橋下徹守護霊　そらあ、駄目だ。逃げがあるな。

綾織　いえいえ。

黒川　ある週刊誌の最近のアンケート調査では、六十三パーセントの人が、橋下氏の内閣総理大臣就任を支持しているそうです。

橋下徹守護霊　そらあ、頑張(がんば)らないかんなあ。今、六十三パーセント？

黒川　ええ。そういう調査結果もあります。

橋下徹守護霊　今の首相は、二十パーセントちょこちょこじゃないの？

黒川　ええ。そういうことですので、やはり、「もし自分が首相になったら、こういう国をつくっていく」という方針を明らかにしていただく必要があると思います。

橋下徹守護霊　六十三ね？　もうちょっとやねえ。七、八十パーセントまで来ると、もっといい感じやなあ。

綾織　ここで、国家構想を語っていただければ、七十パーセントに上がるかもしれません。

酒井　いや、おそらく、まだお考えではないですよね。

橋下徹守護霊　いや、考えてるよ。考えてるんだから……。

酒井　国民にうけるものを取り入れるのが、あなたの考え方ですよね。

橋下徹守護霊　考えてはいるんだ。いや、考えてるよー。

酒井　国民にうけるもの以外は、出さないですよね。

橋下徹守護霊　こ、こ、こ、「幸福の科学や幸福実現党と組むことによって、人気が上がるか、下がるか」とか、やっぱり、考えてるよ。

酒井　では、組むんですか、組まないのですか。

橋下徹守護霊　いやあ、ちょっと下がる可能性もあると思ってるから、そのへん、微(び)妙(みょう)な……。

酒井　ああ、そういうことをおっしゃるわけですね。それでは、誰も入(い)れませんよ。

橋下徹守護霊　票だけ欲しいけど、表向き組むと、やっぱり、危ないかもしれないとは思ってる。人気が下がるかも。

酒井　聞きたいのは、そんなことではなく、「この国をどうしていきたいのか」ということです。

橋下徹守護霊　いや、それ、これからねえ、あのねえ……。

酒井　これから考えるのですか。

橋下徹守護霊　あなたね、これから一分以内に考えることなんだよ。

酒井　では、一分以内に考えてください。

橋下徹守護霊　うーん……、この国がどうなるか……。

黒川　幸福実現党も示していますが、国政に出る以上は、国家観を示さなければいけないと思います。

橋下徹守護霊　いやあ、「国政に出て、総理・総裁を目指す」っていうことは、やっぱり、「復讐するは我にあり」なんだよ。

酒井　誰に復讐するのですか。

橋下徹守護霊　「国家権力に対する反逆」っていうのが、大阪人の使命なんだよ。

酒井　大阪の人は全員がそうなのですか。

橋下徹守護霊　だから、去年、映画「プリンセス トヨトミ」で、「大阪国独立」とか、やったじゃない。それに便乗しただけなのよ。あんた、だからさあ、そんなに追及するんじゃねえよ。「乗ってくるかもしれない」と思って、言ってるだけじゃないか。

「保守」の顔をしているが、本当は「左翼」か

黒川　橋下市長は、「資産課税を強化する」とか、「相続税を百パーセントにする」とかいう案を打ち出して物議を醸しておりましたが、何か、富裕層や権力者に対し、復讐心のようなものがあるのでしょうか。

橋下徹守護霊　それはねえ、やっぱり、貧乏っちゅうのは身に染みるよなあ。早稲田だって、貧乏学生がいないわけじゃない。田舎から来てるのもいるからな。

俺らも、商売しながら学生時代を送っとったほうだからさあ。母子家庭でなあ。父ちゃんは、もう、ほんとに、ろくでもねえ死に方をして、俺に、さんざんマイナスのレッテルを貼ってくれたから、「あれをいかにして、いい話に持っていくか」を、今、考えてるとこや。なんか、サクセスストーリーに仕上げないかんからさあ。

いやあ、やっぱりねえ、暴力団的体質を持ってなきゃ、弁護士としては成功しないよ。うん。実際、弁護士業っていうのは、基本的に〝恐喝〟なんだよ。「相手をいかに脅して、金を巻き上げるか」っていうのが、弁護士業なんだ。分かる？　で、それは、商売の本筋とつながってるものなんだよ。

酒井　あなたの手法は、結局、そうですよね。

橋下徹守護霊　商売も、結局、相手が買いたくないやつを無理やり買わせて、金を取ることなんだよ。だから、そういう意味では、富裕層っていうのは、もちろん、カモだな。カモとして、金を巻き上げなきゃいけないけども、富裕層だけ相手にしたんでは、ちょっと、ターゲットとしては少ないからね。

黒川　ただ、富裕層から税金をどんどん取ると、富裕層は海外へ逃げていくので、日本は貧しくなっていくのではないでしょうか。

橋下徹守護霊　いやあ、でも、日本語しかしゃべれねえから、逃げれないんじゃねえか。海外に逃げたって、生活は不自由だろう?

黒川　海外を利用した対策はいろいろあるので、必ずしも、そうとは言えないと思います。また、「いくら働いても、最後は全部持っていかれる」となると、働く人たちのモチベーションも落ちていきますよ。

橋下徹守護霊　日本には、富裕層の人がほとんどいないから、そんなに気にする必要はないんじゃない?

黒川　ただ、日本も、これから富裕層を増やしていかなければ、もう一段の経済成長はありません。あなたのような考えは、経済にとってマイナスではないでしょうか。

橋下徹守護霊　「富裕層」っちゅう考え方は、あまり人気が出ないだろうなあ。民主主義は、やっぱり、票の数だし、底辺ほど大きいから、一生懸命（いっしょうけんめい）、下のほうに媚（こび）を売らなきゃ駄目よ。

黒川　そういう層の方々を豊かにしていくためにも、富裕層の増大が必要だと思います。

橋下徹守護霊　だから、俺が、「ほんとに保守かどうか」を疑われてるのは、そのへんだと思うんだよ。「保守のような顔をしてるけど、ちょっと、左翼（さよく）みたいなところもあるんじゃねえか」と……。

酒井　なぜ、今、保守の顔をしているのですか。

橋下徹守護霊　「なぜ、保守の顔をしてるか」って？　そらあ、まあ、そのほうが、いちおう、人気があるからさ。

酒井　以前、名古屋の河村市長が「南京事件はなかった」と発言したとき、あなたは、「発言は慎重にすべきだ」というようなことをおっしゃっていましたよね。

橋下徹守護霊　それは、今、「左翼の票も取り込もう」と考えてるところだからさあ。

「自虐史観」については、どう考えるか

酒井　あなたの歴史観は、どうなのですか。

橋下徹守護霊　何よ！　その言い方は、どういうこと？

黒川　教科書については、自虐史観を排除する方向に進めておられるように見えますが、同時に、河村市長の発言に対しては批判されています。自虐史観について、どうお考えなのでしょうか。

橋下徹守護霊　それはねえ、票読み計算において、プラスになるかマイナスになるか、ひっじょーうに難しい。

酒井　そんなレベルですか。あなたには定見（ていけん）がないですね。

橋下徹守護霊　君ねえ、定見があったら、弁護士なんかできるわけないでしょう。弁護士っていうのは、定見がないんですよ。あるのは法律だけで、定見はないの。法律を使って敵にも味方にもなるのが弁護士なんだから、結論はどっちでもなるの。

酒井　そうすると、歴史は勉強していない？

橋下徹守護霊　してるよ。

酒井　では、自虐史観については、どう思っていますか。

橋下徹守護霊　歴史は、勝者が決めることで……。

酒井　あなたが解釈（かいしゃく）する？

橋下徹守護霊　いやあ、歴史は、勝った者が書き換（か）えるんだ。

中国に対しては、「政経分離（ぶんり）で臨（のぞ）みたい」

酒井　未来の話として、あなたが国政に出たら、中国との問題はどう解決しますか。

橋下徹守護霊　中国……。それは、ややこしい話だけどなあ。中国までくると……。

酒井　国防は、どうするのですか。

橋下徹守護霊　君らのほうが、今、まず、第一次攻撃隊で、神風特攻隊をやってるんだろう？　幸福実現党が神風特攻隊で突っ込んでいって、ハハハッ、全員、討ち死になされて。

そうしたら、ちょっと、話の土壌ができるかもしんないな。それで、すこーし、みんなの警戒が解けてきたら、まあ、話してもいいと思ってるよ。

酒井　本音では、中国に対して、どうしたらよいと思っていますか。

橋下徹守護霊　大阪市長の分際では、何も指揮権がないから、何とも言えないが、内閣総理大臣になったら、そらあ、指揮しますよ。

酒井　お聞きしたいのは、そんなことではなく、「今、あなたはどう思っているか」ということです。

橋下徹守護霊　君ねえ、それは総理大臣にならないと言えないよ。

黒川　四月に、中日友好協会の会長が橋下市長を表敬訪問して、橋下さんのことを、「日本政界の明るいスターだ」と、べたぼめしていましたね。

橋下徹守護霊　それはいいですねえ。

いやあ、あのね、やっぱり、アメリカと中国を、両方、手玉に取らなきゃいけないのよ。

黒川　（苦笑）

橋下徹守護霊　日本は、そういう立場だから、アメリカを敵にしちゃいけないというか、当然、味方にしなきゃいけないけど、中国をまったく切っちゃ駄目なのよ。だから、白黒はっきりした人は駄目よ。中国も味方につけるには、本心が分からないようにしなきゃいけない。両方の支援を取らないといけないのよ。

関西の貿易業界には、そう言ったって、中国に期待してる向きがかなりある。中国人の購買力は、潜在的には、そうとうなものがあるから、この支持層を失っちゃ駄目だよな。

酒井　つまり、「経済的メリットがあれば、中国とも手を結ぶ」ということですか。

橋下徹守護霊　それは、やっぱり、「政経分離」なんじゃないすかあ。政治は政治、経済は経済だよ。

沖縄を取られても、関西には何の影響もない？

酒井　あなたは、以前、「沖縄の普天間基地は、関西空港に持ってきてもよい」という話をしていましたが、国防について、まったく考えていないですよね。

橋下徹守護霊　うーん……、いやあ、「関西に持ってくることを考えた」っちゅうことは、非常に国粋主義的な考え方とも取れるじゃないですか。

酒井　沖縄をどうするつもりですか。地政学的に見ると、沖縄は戦略的な要衝(ようしょう)です。その沖縄を中国に取られたら、まずいではないですか。

橋下徹守護霊　いや、そのへんまでは、ちょっと、私も分かんねえ。鳩山(はとやま)さんほどではないけども……。

黒川　「普天間基地は県外で分散移設」という発想は、鳩山さんと変わらないではありませんか。

橋下徹守護霊　「沖縄を守る」たって、大阪は守れないからさあ。「大阪を守る」という意味じゃあ、大阪に……。

酒井　あなたのその考えでは国が滅(ほろ)びますよ。

黒川　沖縄を守れないと、日本も守れません。

橋下徹守護霊　もしだよ、ノドンが沖縄に当たったところで、関西においては、何の影響(えいきょう)もないもん。

黒川　相手が中国にしろ北朝鮮にしろ、沖縄を取られて、そこに基地をつくられたら、西日本だって非常に危険になりますよ。沖縄を守らないと、関西も守れません。

橋下徹守護霊　やっぱり、「関西を守る」っちゅことは大事だよ。関西には、ヨーロッパ並みの経済圏があるんだからさあ。

酒井　今、私たちは、「『文藝春秋』が言うように、もし、あなたが総理になったら、この国はどうなるか」ということを検証しているのですが、「極めて危ない」という結論が出そうです。

橋下徹守護霊　それは大川隆法先生が決めることだよ。

酒井　いやいや。あなたのお考えは、どうなのですか。

橋下徹守護霊　ええ？　だから、「どうしたらいいか」は、大川先生に言っていただいてよ。ああいう先生が言ってるなら、やむなく、そうしなきゃいけないのでね。

「人がやっていないことをして、歴史に名前を遺す」のが目的

酒井　あなたは、いつも、「民意、民意」と言っているじゃないですか。

橋下徹守護霊　うん、そうだよ。

酒井　民意を背景にしたら、急に強気になりますよね。

橋下徹守護霊　そら、そうだよ。誰でもそうだよ。

酒井　あなたは、「多数決がすべてだ」と思っていませんか。

橋下徹守護霊　思ってないよ。ほんとは、自分の独裁をやりたいんだけど、その前の手順っていうのがあるからさ。手順っていうのがな。

酒井　独裁をしたい？　では、多数決も、民主的な手法も重要ではないわけですね。

橋下徹守護霊　いやあ、基本的には、民主的に駆け上がっていかないとさあ。

酒井　それでは、ヒトラーとまったく同じではありませんか。

橋下徹守護霊　そらあ、あなた、ヒトラー先生だって、民主的に合法的に政権を取られたんだからさあ。あと負けたのが、いかんのだろ?

酒井　専制政治で何をしたいのですか。

橋下徹守護霊　やっぱりねえ、「歴史に名前が遺る」っていうのは気分がいいじゃないですか。

酒井　何をして、歴史に名前を遺したいのですか。

橋下徹守護霊　「何をして」って? 何か、人がやってないことをするよ。

酒井　人がやっていないこと?

橋下徹守護霊　今までの総理がしなかったこと。

酒井　日本が占領されるとか。

橋下徹守護霊　そんなの、俺じゃなくたって、できることじゃないか。だろう?

酒井　いえいえ。今のあなたの考えから行くと、そうなる可能性があります。

橋下徹守護霊　俺でなくても、鳩山さんだろうが、菅(かん)さんだろうが、誰を総理に置いたって、日本は占領されるから、そんなの、俺が出なくてもできるよ。

中国の工作員に「弱み」を握(にぎ)られているのか

酒井　もっとすごいことをするわけですか。

橋下徹守護霊　うーん?　もっとすごいこと?　それ、どういうことよ。ああ、何?　「もっとすごいことをする」っていうのは、あれかい?　ああ、分かった。「人身売買か何かをして、中国に身売りさせる」とか、そんなこと?

酒井　私は、ある中国の方から、「大阪に工作員が入り込んでいる」という話を聞いたことがあります。

橋下徹守護霊　ふうーん。

酒井　中国の方で、仲の良い方はいらっしゃいますか。

橋下徹守護霊　そちら系統は、大阪には、わりに多いからね。その筋の人は、けっこう多いから、敵に回しちゃいけないんだよ。

酒井　敵に回してはいけない？

橋下徹守護霊　大阪辺(へん)には、朝鮮半島や中国大陸関係の人とか、台湾(たいわん)系の人とかが、潜在的には、そうとう、いるんだよ。

酒井　台湾の方とは仲良くされてもよいのですが、あなたは、中国の工作員に、弱みを握(にぎ)られていませんか。

橋下徹守護霊　あんたねえ、そういうのは、文藝春秋とか新潮とか講談社がやることなんだよ。そういう、下半身の調査っちゅうのは。

酒井　やはり、下半身ですか。

橋下徹守護霊　いや、宗教が、そういうことをやっちゃいけないんだよ。

酒井　いやいや。私は工作員の話をしているのです。

橋下徹守護霊　あ、そうか。

黒川　ハニートラップに引っ掛かったり……。

橋下徹守護霊　（笑）いや、私、頭がいいから、すぐ結論まで行っちゃったんで……。

酒井　では、ハニートラップに引っ掛かった？

橋下徹守護霊　いや、何言ってんの（笑）。

「はしもと」違いの、もう一人の「橋本」っちゅうのが、総理でいただろうが。

酒井　ああ、そういう噂もありましたね。

橋下徹守護霊　中国人の美人スパイにまんまとやられて、中華料理を食いに行って、奥で懇ろになっとったのをスクープされとったじゃないの？

酒井　では、あなたは、中国の工作員とは関係がない？

橋下徹守護霊　一国の首相があそこまで引っ掛けられるのは、情けないよな。大阪市長なら、引っ掛けられてもしかたないけど、一国の首相ってのは、やっぱり、外交の問題があるからな。

綾織　大阪市長なら、引っ掛かってもいいのですか。

橋下徹守護霊　大阪市長には、外交は関係ないじゃない。

「大阪国」として独立するか、首都を大阪に移すか

酒井　しかし、国政に出るのであれば、それでは、まずいのではありませんか。

橋下徹守護霊　大阪市長は、大阪市が繁栄すりゃあ、何をやったって構わへんのよ。昔の堺の繁栄みたいなもんで……。

黒川　他国に侵略されても構わないわけですか。

橋下徹守護霊　ええ？　大阪まで侵略されちゃいけないよ。侵略は、九州ぐらいまでにしてもらわないと。九州ぐらいまでだったら、いいよ。うん。

酒井　あなたには、日本という国への愛国心がないですね。

橋下徹守護霊　あってあって。あるよ。

酒井　「あってあって」って、どこに？

橋下徹守護霊　いやあ、だから、大阪国が独立するからね。大阪は、要塞にして防衛し、あとはロシアと中国に売ったらいいねん。

酒井　東京とかは、もう要らないのですか。

橋下徹守護霊　ロシアに売ったらいいやん。

黒川　（苦笑）それを「売国」と言うんですよ。

橋下徹守護霊　「北方四島を返してくれたら、東日本を売る」とかさあ。「震災に遭って、もう要らんから、東日本を売っちゃう」とかさあ。

酒井　大阪を独立国に……。

橋下徹守護霊　うん。大阪国独立。これは大阪人の夢だね。

酒井　あなたが、もし総理になったら、大阪は独立するわけですか。

橋下徹守護霊　いやあ、首都を大阪に移してもいいんじゃないかと思ってんだよね。太閤秀吉（たいこうひでよし）の時代に戻（もど）さないかん。うん。

「低次元層を惹（ひ）きつける」のがポピュリズムの本道（ほんどう）

綾織　あなたは、結局、「何がやりたいか」ということではなく……。

橋下徹守護霊　（綾織に）あんた、顔が怖（こわ）いねえ。マスコミの人みたいだなあ。

綾織　いやいや。あなたよりはましだと思います。

橋下徹守護霊　私は、こんな、かわいい笑顔だよ。

酒井　テレビに映っているあなたは、いつも怒っているではないですか。

橋下徹守護霊　怒ったふりをすると、視聴率が上がるのよ。

酒井　あれも技ですか。

橋下徹守護霊　幸福実現党さん、もうちょっと勉強しなきゃいかんな。宗教修行しすぎて、表情がちょっと豊かでないね。もうちょっと喜怒哀楽をはっきりさせると、国民の低次元層が、みんな、惹きつけられるのよ。

だから、怒ってみせたりしなきゃ。

酒井　あなたは、今、「低次元層を惹きつける」と言いましたね。

橋下徹守護霊　そうそう。それがポピュリズムの本道じゃないですか。何言ってんだよ。

酒井　要するに、国民を低く見ているわけですか。

橋下徹守護霊　国民って低いじゃない。当たり前じゃないか。何言ってんのよ。国民は、みんな、〝橋の下〟にあるのよ。

酒井　（苦笑）

橋下徹守護霊　ハハハ。

酒井　洒落ですか。

橋下徹守護霊　私が〝橋〟で、〝橋の下〟に国民が流れてんのよ。

官僚的発想の逆をやるのが「ハシズム」

綾織　あなたが、結局、やろうとしていることは破壊であって、「何かをつくりたい」というわけではないですね。

橋下徹守護霊　それは、非常に悪質な政治学者とかが言ってることだよね。「破壊をやる」っていうのはね。

綾織　では、何を？

橋下徹守護霊　簡単に言い返せるよ。破壊のあとに創造が来るんだからさ。

綾織　ぜひ、創造の部分を教えてください。何を創造されるつもりですか。

橋下徹守護霊　創造……。それが、いわゆる、「ハシズム」っていうやつだよ。

酒井　何を創造するのですか。

綾織　その創造の部分を言っていただいて初めて、反論になると思います。

橋下徹守護霊　「ハシズム」は、要するに、官僚的発想には出てこないことをやる。全部、逆をやる。

綾織　逆をやる？　例えば？

橋下徹守護霊　そういう意味では、ヒトラーに似てるかもしらんなあ。

酒井　似ていますね。

橋下徹守護霊　うん。確かに、「全部、参謀本部の言うことの正反対をやって、成功させていく」っていうところに快感を感じるね。

酒井　快感を感じる？

橋下徹守護霊　うん。快感を感じる。そういうことだ。

だから、今の総理の野田さんは、財務省の言うとおりやってるけど、これじゃ、操り人形じゃないか。政治主導なんて、まったくの嘘だよな。

その意味では、官僚の言うことの反対をやると、人気が出るだろうなあ。

酒井　人気が出るのですか。

橋下徹守護霊　だから、小泉さんは、一つのモデルだな。やっぱり、あれはスターだった。

酒井　ただ、小泉元総理の場合は、筋が通っていましたよね。

橋下徹守護霊　まあ、でも、小泉はヤクザだよ。言っとくけど。

酒井　ヤクザではないでしょう。

橋下徹守護霊　ヤクザだよ。ヤクザの血筋だよな。先祖から、もう、入れ墨(ずみ)を彫(ほ)ってるんだからさ。ヤクザが総理になったんだ。

だから、前例はあるわな。

酒井　そういう血筋だとしても、小泉さんは、やっていることに一本筋が通っていました。

橋下徹守護霊　通ってたかどうかは知らない。でも、マイナーなことを、すごく大きなことのように、大問題のように見せる技がうまかったから、あいつはテレビのキャスターだよ。

酒井　しかし、あなたの場合、マイナーなことも、メジャーなことも、「どちらでもよい」という感じではないですか。

橋下徹守護霊　いや、そんなことはないわ。俺は、奥深ーく考えてるよ。

酒井　その奥深い話をしてください。

橋下徹守護霊　先輩から伝授された、その秘伝の宝刀は見せないようにしないとね。

宗教法人への課税は世論次第

酒井　少し話題を変えますが、宗教法人課税について、どう思っていますか。

橋下徹守護霊　それは世論によるな。

酒井　世論によっては課税する？

橋下徹守護霊　世論による。うん。

酒井　それでは、私たちとは組めませんね。

橋下徹守護霊　え？

酒井　私たちを裏切るわけでしょう。

橋下徹守護霊　「裏切る」って……。だって、あんたがた、「悪い宗教も多い」って言ってるじゃないか。ええ？　九割は悪い宗教なんだろう？　だから、九割の〝シロアリ〟を退治しようとしたら、残りの一割が一緒に死ぬこともあるだろうよ。

酒井　宗教を信じていないのですか。

橋下徹守護霊　一律に課税をすれば、弱い宗教から潰れていくはずだから、あんたがたがほんとに強い宗教だったら、結局、あなたがたが生き残るわけ。そのときに、弱い宗教の地盤を全部取ってしまって、信者にすればいいじゃないか。

酒井　要するに、宗教法人課税には賛成ということですね。

3 橋下徹氏の「過去世」に迫る

宗教信念を明らかにできない橋下守護霊

酒井　ところで、あなたには信仰心がありますか。

橋下徹守護霊　それは、もう、あってあって、「亡き父を弔いたい」という気持ちはすごく……。

酒井　何を信じていますか。

橋下徹守護霊　え？　「何を信じて」って？　まあ、何でもいいんだけどさあ（笑）。

酒井　何でもいいのですか。

橋下徹守護霊　ああ、何でもいいんだけど。

酒井　仏教とか、キリスト教とか、宗教にもいろいろあります。

橋下徹守護霊　まあ、先祖供養は大事だよ。うんうん。

酒井　あなたが信じている神様は何ですか。

橋下徹守護霊　そんなもんはないよ。

酒井　ないのですか。唯物論ですか。

橋下徹守護霊　いやいや、そんなことはない。唯物論じゃない。いやあ、金儲けの神様なら信じてもいいな。

酒井　あなたは、死後の世界があることは信じていますか。

橋下徹守護霊　まあ、あるかもしれないね。

酒井　あなたは守護霊ですよね。

橋下徹守護霊　ああ、そうか。そうだったな。忘れとった。

酒井　ちゃんと、あの世の天国に還(かえ)っていますか。

橋下徹守護霊　え？　それって、どういうこと？

酒井　あなたは、今まで、どこにいらっしゃいましたか。

橋下徹守護霊　「どこにいらっしゃいました」って？　それは、大阪(おおさか)市長を応援(おうえん)してたんだよ。

酒井　あなたは、死んだあと、どうされましたか。

橋下徹守護霊　変なことを訊(き)くねえ。

酒井　あなたは、すでにお亡くなりになっていますよね。

橋下徹守護霊　あんた、この世の人だろう？　だったら、話が通じるはずないよね。なんで通じるのよ。

酒井　あなたは、霊界にいる人でしょう？

橋下徹守護霊　え？　そうかな？　そうなのかな？

酒井　死んだ覚えはないですか。

橋下徹守護霊　あれ？　橋下のようで橋下でないんだ。ん？　橋下のようで、橋下でなくて、橋下のようであるからして、橋下の……。私は、橋下の……、潜在意識だ。

酒井　あなたは、今、どんな姿をしていますか。

橋下徹守護霊　え？「どんな姿してる」って？　そんな、君ね、失礼な。

酒井　何を着ていますか。

橋下徹守護霊　市長だから、まあ、それは、市長の格好をしてる。

酒井　スーツを着ているのですか。

橋下徹守護霊　うーん……。

酒井　自分が死んだことは覚えていないですか。

橋下徹守護霊　政治家として、そういうね……。政教分離なんだよ。

酒井　（苦笑）いや、政教分離ではなく、あなたの問題です。

橋下徹守護霊　ええ？　政治家は宗教問題には立ち入らないんだ。自分の宗教信念を明らかにしたら、反発する人が出てくる。

酒井　（苦笑）これは、宗教信念の問題ではありません。

橋下徹守護霊　唯物論勢力だって票だし、ほかの宗教勢力だって票なんだから。

「もし、本心がエル・カンターレ信仰であったとしても、明らかにするわけにはいかない」っていうのが、政治家の……。

「高天原（たかまがはら）は庭の裏山だ」というのは本当か

酒井　要するに、あなたは、ずっと地上にいらっしゃるわけですね。

橋下徹守護霊　そんなことはないよー。そんなことはありません。〝橋の上〟にもいますから。

酒井　橋の上？

橋下徹守護霊　うん。それは、地上じゃないだろう？

酒井　地上ですよ。

橋下徹守護霊　川の上じゃないか。何言ってんだよ。

酒井　まあ、川の上ですけど、少なくとも、あの世には還っていないですよね。

橋下徹守護霊　あの世に還ってないことはないかもしれないけど、あの世とこの世は続いてるんだよ。地続きなんだよな。

酒井　地続きの、あの世ですか。

橋下徹守護霊　うんうん。地続きなんだよ。あなた、日本の『古事記』とか読むと、あの世とこの世は地続きになってるでしょう？　高天原（たかまがはら）から、梯子（はしご）というか、石段（実際は「天の浮橋（あまのうきはし）」）を伝って、上がったり下がったりできるんだからさ。

酒井　高天原は、確かにあの世に存在しますが、あなたのいる世界にあるのですか。

橋下徹守護霊　それは、もう、あってあって、高天原はすぐ裏山よ。

酒井　裏山にあるのですか。

橋下徹守護霊　裏山よ。ちょっと登れば、ワラビを取ったり、タケノコを取ったりできるのよ。

酒井　そんな所なのですか。

橋下徹守護霊　うん。高天原なんて、うちの裏庭なんだ。庭の裏の築山よ。

「橋下の潜在意識」と称して守護霊であることを否定

酒井　自分が亡くなったことは覚えていないわけですね。

橋下徹守護霊　ええ？　「亡くなったことは覚えてない」って、どういうことを言ってるの？

酒井　あなたは守護霊でしょう？

橋下徹守護霊　あ、そうかな？　そういうふうに呼ばれたんだけど、これはね、違うんだよ。大川隆法という人は一種の幻術師なんだよ。幻術師であってね……。

酒井　幻術師？　では、あなたは幻術ですか。

橋下徹守護霊　私は、橋下徹のだね、潜在意識なんだよ。大川隆法っていう人は幻術師なので、本来は心のなかに隠れている潜在意識を引きずり出し、人格があるかのように外に出すことができるんだよな。

酒井　あなたは、過去世（かこぜ）について知らないですね。

橋下徹守護霊　ん？　過去世？　いや、聞いたことはあるよ。

酒井　ありますか。

橋下徹守護霊　聞いたことはある。

綾織　あなたは、復讐（ふくしゅう）を目的とされているように見えますが、そのへんは、やはり、過去世の体験から来ているのでしょうか。

橋下徹守護霊　あのね、私は、政治家なわけ。宗教家じゃないのよ。

酒井　ただ、あなた自身は、政治家ではありません。

橋下徹守護霊　え？　なんで？

酒井　守護霊だから。

橋下徹守護霊　守護霊が政治家だよ。だって、ご飯食ってるもん。

酒井　あなたは、今、ご飯を食べているのですか。

橋下徹守護霊　うんうん。それは、そうだよ。給料もらって、ご飯食ってる。

酒井　給料をもらって、ご飯を食べている？

橋下徹守護霊　うん。政治家やってるから、給料もらってんだよ。

酒井　橋下市長といつも一緒にいるわけですか。

橋下徹守護霊　ん？

酒井　あの世に還ったりしないのですか。

橋下徹守護霊　「私は橋下の潜在意識だ」って言ってんじゃないか。大川隆法っていう人が幻術使いで、私を実体化して、アラジンの魔法のランプの〝あれ〟みたいに出してるんだよ。これは、この人にしかできない幻術なんだ。

酒井　あなたは、江戸時代とか、懐かしくないですか。

橋下徹守護霊　うーん？　江戸時代が、なんで懐かしいんだ。

酒井　日本語が上手ですよね。

橋下徹守護霊　「私は橋下徹だ」って言ってるのに、「日本語が上手」って、あんた、何ちゅうこと言うんだよ。

綾織　戦国時代に生きていらっしゃいませんでしたか。

橋下徹守護霊　え？

綾織　戦国時代。あるいは豊臣政権時代。

橋下徹守護霊　よく分かんないな。「私は橋下徹の潜在意識だ」って言ってるのに。

黒川　橋下徹さんが生まれる前の記憶はないですか。

橋下徹守護霊　生まれる前……。

黒川　橋下徹さんが生まれる前から、生きていたように思いませんか。

橋下徹守護霊　生まれる前……。君、おかしいこと言うなあ。何だか、よく分からんこと言うなあ。早稲田の政経って、そんなこと授業でやってたっけ？

黒川　（苦笑）いや、やっていません。宗教で学びました。

橋下徹守護霊　やってないよね。

綾織　地上の人以外で、普段、話をする方はいらっしゃいますか。

橋下徹守護霊　地上の人以外で、私が話をする人？　いや、それは画策してるよ。「維新八策」を伝えるために、あちこち行ってるよ。

酒井　すでに亡くなった方で、誰か付き合いのある方はいますか。

橋下徹守護霊　え？　亡くなった方で、付き合いがある？　君たち、ほんとに大丈夫かい？　病院に行ったほうがいいよ。

酒井　いや、あなたこそ大丈夫でしょうか。

綾織　あなたは霊なので、ほかの霊と、お付き合いがあるはずですよ。

橋下徹守護霊　「私は潜在意識だ」って言ってるんだ。霊なんて言わないでくれ。潜在意識なんだから。

私が、橋下を動かしてる原動力なんだよ。うんうん。「リビドー」なんだ。（注。リビドーとは、行動の根底にある精神的エネルギーのこと。）

酒井　あなたは、個性を持って、しゃべっているではありませんか。

橋下徹守護霊　しゃべってるよ。生きてるからね。

酒井　ずっと生きているんですよね。

橋下徹守護霊　うん。生きてる。

酒井　その生きてきた記憶を、昭和から大正、明治とずっと遡（さかのぼ）ってみてください。

何か覚えていますか。

橋下徹守護霊　（約五秒間の沈黙）うーん。何だ。君らは、変なこと言う団体だなあ。あっ、それで落選するんだ。

酒井　当会の本は読んでいませんか。

橋下徹守護霊　落選する理由が、これで分かった。

酒井　はい？

橋下徹守護霊　これで、君らは落選するんだ。こういうことを言うから、なんぼ立候補しても、落選して、「金をドブに捨てた」って言われるんだよ。

綾織　それは関係ないと思います。

酒井　私たちは宗教ですからね。

勝栄二郎財務事務次官に対して嫉妬する

綾織　あなたの「中央に対する復讐心」のもとは何でしょうか。どこから、そういう気持ちが湧いてくるのでしょうか。

橋下徹守護霊　復讐？

綾織　なぜ、そうしたいと思われるのですか。

酒井　いちばん憎い人は誰ですか。

橋下徹守護霊　憎い人⁉

酒井　そういえば、井伊直弼、つまり、勝栄二郎氏の守護霊は、「橋下さんのようなトリックスターが出てくるのは、嫌な傾向だ」と言っていました（『財務省のスピリチュアル診断』〔幸福実現党刊〕第2章参照）。

橋下徹守護霊　トリックスター……。

酒井　勝栄二郎氏の守護霊は、あなたのことを嫌がっていましたね。あの人とは、何か関係ありませんか。

橋下徹守護霊　トリックスター……。大川隆法も、俺のことを、なんか、そんなふうに言ってたな。うーん。〝敵同士〟で不思議に意見が一致してんだよ。

酒井　あなたは勝栄二郎氏を見て、何か腹が立ちますか。

橋下徹守護霊　ちょっと腹が立つ。

酒井　なぜ？

橋下徹守護霊　うーん、嫉妬するな。

酒井　なぜ、嫉妬するのですか。

橋下徹守護霊　権力に。

酒井　権力に嫉妬するのですか。

橋下徹守護霊　首相を手玉に取るなんて、なんか、腹立つじゃないか。

酒井　あの人の過去世は、井伊直弼です。

橋下徹守護霊　ふーん。ほおー。ほおー。

酒井　井伊直弼と聞いて、何かピンと来ませんか。

橋下徹守護霊　井伊直弼って、俺には「殺される」というイメージしかねえけどなあ。

酒井　何か思い出すことはありますか。

橋下徹守護霊　あんまり分かんねえなあ。うーん。

橋下氏の過去世は「言うとまずい人」なのか

綾織　どの時代でもいいのですが、過去の歴史上の人物で、「これは嫌だな」という人はいますか。

橋下徹守護霊　嫌だな?

綾織　「この人は許せない。復讐したい」という気持ちが湧いてくる人は、誰ですか。

橋下徹守護霊　復讐したい？　いやあ、俺は、今、気持ちとしては、豊臣秀吉を気取ってるんだよ。

酒井　それは映画の見すぎです。

橋下徹守護霊　まあ、そうなんだけど、今は、「そんな感じになりたいなあ」「太閤さんになりたいなあ」っていう気持ちを持ってるなあ。

豊臣秀吉はトリックスターだよな。まあ、間違いなくな。

綾織　そこには、徳川家に滅ぼされた恨みのようなものも入っているのですか。

橋下徹守護霊　もう、君らは、俺のレトリックに完全に引っ掛かってるじゃないか。簡単に引っ掛かってんじゃないか。なあ。

綾織　ああ、では、全然関係がない？

橋下徹守護霊　アハハハ。だから、「俺は政治家なんだ」って。

酒井　要するに、過去世を言うとまずいわけですね。

橋下徹守護霊　嘘つきは政治家の始まり……。いや、ちゃう、ちゃう。間違えた（会場笑）。間違えた。「嘘つきは政治家の始まり」じゃなくて、「政治家は嘘つきの始まり」。

酒井　要するに、あなたは、「嘘つきだ」ということですね。分かりました。

橋下徹守護霊　「嘘つきは弁護士の始まり」で、弁護士が……。

酒井　過去世を明かしたら、大変なことになるのでしょう？

橋下徹守護霊　うーん……。「悪い過去世だ」と言いたいわけか。

酒井　そうですね。

橋下徹守護霊　過去世がない場合もあるじゃないか。

酒井　いや、そういう場合はありません。

橋下徹守護霊　俺は、天上界の最高の神で、初めてこの地上に降りてきた。エル・カンターレを地上に送り込んでいた、その本体が私である（会場笑）。エル・カンターレは何度か地上に出たらしいが、それを送り込んでいたのは私で、ついにその正体を現した。

酒井　エル・カンターレという存在をご存じでありながら、いきなり、「自分は潜在意識だ」とか言って、逃げていますよね。

橋下徹守護霊　だって、票が逃げたら困るじゃないか。

酒井　過去世を明かすと、票が逃げるような方なのですね。

橋下徹守護霊　いやあ、そら、宗教に深入りしたら、票は逃げるよ。

酒井　いやいやいや。

橋下徹守護霊　大阪にある、いろんな宗教全部に、ええ顔をしなきゃいけないんだからさ。

天下を取るためには、あんたがたの敵だって、みんな抱き込まなきゃいけないんだ。言っとくけど、幸福の科学だけと名刺交換してるわけじゃないんだからさ。

過去世を明かすことを頑なに拒む橋下守護霊

酒井　いずれにしても、表に出すとまずいわけですね。ということは、「敵を多くつくった人」じゃないですか。

橋下徹守護霊　「敵をつくった」というか、私には人気があったような気がするなあ。

酒井　人気があったのですか。

橋下徹守護霊　うん。すっげえ人気があったような気がするなあ。

酒井　しかし、最後は哀れだったとか。

橋下徹守護霊　最後は哀れ？　そんなことはありません。

綾織　「人気があった」というのは、「庶民の味方だった」ということですか。

橋下徹守護霊　うーん……。

酒井　反乱を起こしたのでしょうか。

橋下徹守護霊　いや、そんなことはない。「反乱を起こした」なんて、そんなこと、私は……。

酒井　今だって、反乱のようなことを起こそうとしているではないですか。

橋下徹守護霊　人生の王道を歩んでるんじゃないか。俺は頭が良すぎるだけなんだよ。

酒井　とにかく、「既成権力を破壊して、スカッとする」という人でしょう?

橋下徹守護霊　単に頭が良すぎるのよ。

酒井　「既成勢力を滅ぼしたい」ということでしょう?

橋下徹守護霊　「既成勢力を滅ぼしたい」なんて、全然思ってません。全部取り込みたいだけであって、滅ぼしたいわけじゃない。

料金受取人払郵便

赤坂支店
承　　認

5196

差出有効期間
平成26年5月
5日まで
(切手不要)

107-8790

112

東京都港区赤坂2丁目10－14
幸福の科学出版(株)
愛読者アンケート係 行

フリガナ お名前	男・女	歳
ご住所　〒　　都道府県		
お電話（　　　）　―		
e-mail アドレス		
ご職業	①会社員 ②会社役員 ③経営者 ④公務員 ⑤教員・研究者 ⑥自営業 ⑦主婦 ⑧学生 ⑨パート・アルバイト ⑩他（　　）	

ご記入いただきました個人情報については、同意なく他の目的で使用することはございません。ご協力ありがとうございました。

愛読者プレゼント☆アンケート

『徹底霊査 橋下徹は宰相の器か』のご購読ありがとうございました。今後の参考とさせていただきますので、下記の質問にお答えください。抽選で幸福の科学出版の書籍・雑誌をプレゼント致します。(発表は発送をもってかえさせていただきます)

1 本書をどのようにお知りになりましたか。

①新聞広告を見て [朝日・読売・毎日・日経・産経・東京・中日・その他 (　　　　　)]
②その他の広告を見て (　　　　　　　　　　　　　　　　　)
③書店で見て　④人に勧められて　⑤月刊「ザ・リバティ」を見て
⑥月刊「アー・ユー・ハッピー?」を見て　⑦幸福の科学の小冊子を見て
⑧ラジオ番組「天使のモーニングコール」「元気出せ！ ニッポン」を聴いて
⑨BSTV番組「未来ビジョン」を視て
⑩幸福の科学出版のホームページを見て　⑪その他 (　　　　　　　　)

2 本書をお求めの理由は何ですか。

①書名にひかれて　②表紙デザインが気に入った　③内容に興味を持った
④幸福の科学の書籍に興味がある　★お持ちの冊数＿＿＿＿＿冊

3 本書をどちらで購入されましたか。

①書店 (書店名　　　　　　　　) ②インターネット (サイト名　　　　　　　　)
③その他 (　　　　　　　　)

4 本書へのご意見・ご感想、また今後読みたいテーマを教えてください。

(なお、ご感想を匿名にて広告等に掲載させていただくことがございます)

5 今後、弊社発行のメールマガジンをお送りしてもよろしいですか。

はい (e-mailアドレス　　　　　　　　　　　　) ・ いいえ

6 今後、読者モニターとして、お電話等でご意見をお伺いしてもよろしいですか。(謝礼として、図書カード等をお送り致します)

はい ・ いいえ

弊社より新刊情報、DMを送らせていただきます。
新刊情報、DMを希望されない方は下記にチェックをお願いします。

DMを希望しない □

酒井　では、一揆(いっき)を起こしたお百姓(ひゃくしょう)さんですか。

橋下徹守護霊　そんな身分の低い人みたいに言われちゃいけない。身分の高い人が、今回、たまたま〝橋の下(した)〟に生まれて、偉(えら)くなってきたわけよ。

酒井　身分は高かったのですか。

橋下徹守護霊　そら、身分は高いわなあ。

酒井　どの時代の人ですか。

橋下徹守護霊　そりゃあ、もう、いつでもいいよ。あんたが、日本史や世界史で適当に決めてくれや。あんたの、かすかな知識で出てくる名前でいいから……。

酒井　とにかく、「自分の過去世(かこぜ)が言えない」というのは、少しまずいですね。あなたは、「それを公表すると票が落ちる」と考えているわけでしょう。

橋下徹守護霊　票が落ちる……。

酒井　有名な人であれば、言えばよいではないですか。なぜ言えないのですか。けっこう根性（こんじょう）がないですね。

橋下徹守護霊　だからねえ、俺は、トリックスターの面を取れば、やっぱり、豊臣秀吉みたいな存在なんだな。

酒井　いや、それはありえません。

橋下徹守護霊　改革者という側面を取れば、織田信長（おだのぶなが）のような存在でもあるわ。

酒井　それもありえないでしょう。

橋下徹守護霊　そういう両方の人格を持って……。

酒井　「そうしたいと思ったけれども、うまくいかなかったので、その鬱憤（うっぷん）を晴らすために、今回、出てきた」という感じですか。

橋下徹守護霊　それは、まるで君の人生みたいじゃないか。

酒井　「君の人生」って？　なんか、私のことを知っているような言い方ですね。

橋下徹守護霊　ん？　だって、ひねくれてるじゃないか。

酒井　ひねくれている……（苦笑）。

橋下徹守護霊　よっぽど暗い青春を送ったんだろうよ。

酒井　暗い青春……（苦笑）。あなたは明るい青春を送ったのですか。

橋下徹守護霊　いや、私も商売してたからさあ、そらあ、暗い青春だよ、君ぃ。

酒井　いやいや。今世（こんぜ）ではなく、過去世のことですよ。

橋下徹守護霊　ああ、過去世ね？

酒井　ええ。

橋下徹守護霊　やっぱり、過去世もスターだったんだ。今もスター。いつもスターなんだよ。

酒井　今、「暗い青春だった」と言ったではないですか。

橋下徹守護霊　いやいや。スターはねえ、暗い時代を送らなきゃいけないのよ。

酒井　では、過去世も、暗い青春を送ったわけですか。

橋下徹守護霊　そんなことはないけど……。まあ、臥薪嘗胆の時代は、人生にはあるもんだよな。

酒井　ああ、言えないのですか。

橋下徹守護霊　ええ？

酒井　情けないですね。しかし、いろいろと話を聞いていると、あなたは男じゃないですよね。

橋下徹守護霊　「男じゃない」って？　「女だ」って言いたいわけ？　女は好きだよ。

酒井　いやいや。「潔さがない」という意味です。

橋下徹守護霊　潔さがない？　じゃあ、俺、女だったのかなあ。

酒井　この話をしても時間の無駄ですので、話題を変えたいと思います。

橋下徹守護霊　分かった。

4 他の政治家や政党との関係

綾織　他の政治家や政党についてのお考えを伺いたいと思います。今、橋下市長は、石原都知事と組もうとされていますが、やはり、「人気が出るだろう」とお考えだからですか。

橋下徹守護霊　いやあ、人気は出ないと思うよ。石原さんが付いていても、人気なんか出やしない。あの、おやっさんは、国会議員をどやしつけるのに使えるじゃないか。

綾織　ああ、そのように使いたいと？

橋下徹守護霊　あれはジャイアンだからな。ジャイアン役としては、いてくれてもええなあ。あの人、何でも言えるじゃないか。へっちゃらじゃないか。な？　何でもいいから、国会議員を怒鳴りつけるのに使えるな。

俺は、やっぱり、年が足りねえから、怒鳴りつけるのが、ちょっとできないんでさ。

綾織　小沢一郎氏とも、ほどほどの距離を取っていますよね。

橋下徹守護霊　小沢さんね。今、人気がちょっと悪すぎるわな。ただ、まったく無視できない勢力だから、そのへんの距離の取り方が難しいわなあ。

綾織　小沢氏とは、「どのように組みながら、何をしていこう」とお考えですか。

橋下徹守護霊　小沢さん？　もう、七十やろ？　小沢さんの時代も終わろうとはしてるわな。だから、「その戦力をなんぞ使えないかなあ」と思ってるよ。「小沢さんが、権力を失ったら、小沢グループを、そっくりもらったりできないかなあ」とか、そんな感じはあるわなあ。

私はトリックスターかもしらんけども、やっぱり、珍しいことをやりたいからさあ。人の気は引きてえから、民主党のでかい組織をパカンと割ったら、評判が出るやろうなあ。それをやってみたい感じがする。だから、小沢グループを取り込んでみたい気持ちが、ちょっと、あるなあ。

綾織　みんなの党の渡辺喜美(わたなべよしみ)さんとは、かなり近い関係にありますよね。

橋下徹守護霊　うん。そうだねえ。あの人も破壊力(はかいりょく)があるからね。だから、あの人は、石原さんに次ぐ、破壊要員として使えるな。まあ、パンチ力だよ。あの顔と経験は、自民党や民主党をぶっ壊(こわ)すときのパンチ力になるだろうな。

綾織　あと、私どもとして気になるのは、公明党との関係です。橋下市長は、選挙の関係で、公明党ともかなり協力をされていますよね。

橋下徹守護霊　いやあ、大阪(おおさか)は公明党が強いのよ。だから、まったく敵にするわけにはいかんわな。票になるものは、やっぱり、取り込まないかん。票になるなら、何でもいいのよ。

綾織　とにかく、使えれば、何でもいいわけですか。

橋下徹守護霊　票になるなら、何でもいいよ。

綾織　「票になるなら、何でもいい」と?

橋下徹守護霊　うんうん。私は、宗教だって、何十個でも信仰（しんこう）してやるよ。

綾織　あなたにとっては、結局、数がすべてなのですね。そして、票を得ることを手段と考えている。

橋下徹守護霊　んー、まあ……。あっ！　思い出した。今、俺の過去世（かこぜ）、思い出した。

酒井　その話は、もういいです。

橋下徹守護霊　いやあ、今、思い出した。俺、マキャベリだったような気がするわ。日本人じゃないんだ。

酒井　もういいです。

橋下徹守護霊　だから……。

酒井　もういいです。あなたの言うことは、あまり信じられなくなってきました。

橋下徹守護霊　政治学で勉強したんや。なあ。「ほんとに、俺にそっくりだな」と思ったよ。

酒井　あなたの発言の仕方は、テレビのお笑い番組に出ているような感じですね。

橋下徹守護霊　そうなんだよ。うん。そのノリなんだ。それが、いちばん人気が出るんだよ。

5 マスコミを操縦する方法

橋下市長は「ホリエモン」の二の舞になるのか

酒井　ただ、あなたに、ちょっと忠告しておきますけれどもね。

橋下徹守護霊　中国する？

酒井　「中国」ではなくて、「忠告」です。

橋下徹守護霊　ああ、そう。

酒井　ホリエモンさん（堀江貴文氏）みたいにならないように、気をつけたほうがいいですよ。

橋下徹守護霊　ホリエモン？

酒井　はい。

橋下徹守護霊　ああ。あなた、すごいインスピレーションを持ってるねえ。ここへ来る前に、大川隆法総裁が、なんか、そんなことを思ってたらしいよ。うーん。あんた、いいインスピレーションを持ってるねえ。

「ホリエモン」って、急成長と食欲と性欲の代名詞だよな。

酒井　はいはい。

橋下徹守護霊　だから、女にもてて、金があって、権力欲を持つ。そうすると、ホリエモンになる。そして、失脚（しっきゃく）する。ま、そういうことだな。

酒井　ええ。マスコミは、今、あなたをグーンと持ち上げているじゃないですか。

橋下徹守護霊　ただ、違（ちが）うところがあるな。

酒井　何が違うのですか。

橋下徹守護霊　俺（おれ）は、法律を勉強してたからさあ。

酒井　「法律を勉強しているから捕（つか）まらない」ということですか。

橋下徹守護霊　だから、とっ捕まらないような、その……。

酒井　ただ、マスコミには、法律など関係ないですからね。

橋下徹守護霊　マスコミは感情の動物だけどさあ。

酒井　ええ。だけど、あなたは、マスコミを使っているでしょう？

橋下徹守護霊　使ってるけど、いちおう、法律はこちらだって……。

酒井　それに、マスコミを敵に回す発言も、けっこうしていますよね。

橋下徹守護霊　それは、敵に回すふりをして、人気を取ってんのよ。マスコミってのはねえ、「サドばっかりだ」と思ったら間違いなの。マゾだって、ものすごく多いんだ。

酒井　しかし、マスコミというのは、「二度おいしい」というか、やはり、「持ち上げて、一度楽しみ、落として、もう一度楽しみ、両方でお金を稼ぐ」というやり方をしますからね。

橋下徹守護霊　いや、そりゃねえ、大川隆法さんが悪いのよ。この前の二〇〇九年かなんか、総選挙に出てねえ、三百何十議席も目指して、大敗北したあと、もっと、凶暴化して、〝オウム化〟して、暴れるべきだったのよ。オウムみたいに暴れまくったら、マスコミは、それで何年間かは飯が食えたのに、おとなしくしてるからさあ。

　それで飯が食えねえから、次に、「また何か面白いことはないか」と、そういう人材を一生懸命探してるわけよ。

酒井　ああ、それがあなただということですか。

橋下徹守護霊　そうそうそう。私をできるだけ勃起させて、大きくして、そして、飯を食おうとしてるのよ、マスコミは。

酒井　それは認識しているわけですね。

橋下徹守護霊　ああ、分かってるよ。分かってるけど、俺は、もともと、そんな悪人じゃねえからさあ。そんなに巨大化しない。

「ヒトラーになれるか、なれないか」の分かれ道

酒井　しかし、あなたは、叩けば、埃がたくさん出てくるのではないですか。

橋下徹守護霊　いや、大してない。大したものは出てこない。

酒井　出てこない？

橋下徹守護霊　ちょっとしか出てこないって。弁護士のわりには、違法行為をやったぐらいしか出てこないから、大したことない。大したことないって。

酒井　（笑）（会場笑）

綾織　それは、どういう違法行為だったのですか。

橋下徹守護霊　ああ、だけど、大したことない。時効。みんな時効、時効。

酒井　時効なんですか。

橋下徹守護霊　時効、時効、時効。みんな時効だよ。

酒井　マスコミは、別に時効でも、平気で書いてきますからねえ。

橋下徹守護霊　けどねえ、予算付けなきゃ、警察は動かないからな。

酒井　ただ、あなたのイメージを悪くすることが、マスコミの目的だと思うんですよ。

橋下徹守護霊　マスコミは、君たちの努力によって、信用を失いつつあるから、何を書いても、みんな嘘に見える。

酒井　いいえ。あなたを、今、持ち上げているのは、商売のネタに使おうとしているからですよ。

橋下徹守護霊　そらあ、まあ、できるだけ膨(ふく)らましてて、あとから、飯を食うつもりでいるのは分かってるよ。できるだけ膨らまして、今度、それを崩（くず）して、ご飯を食うつもりでいるだろうな。

酒井　それに対しては、負けないつもりですか。

橋下徹守護霊　だけど、それを利用するのも、また、政治家やからね。

酒井　うーん。

橋下徹守護霊　「それを利用できるかどうか」が、やっぱり、「ヒトラーになれるか、なれないか」の分かれ道やからさあ。

酒井　なれないことを祈（いの）っておりますが、そこで敗れるかどうかは、やはり、あなたの信念によるのではありませんか。

橋下徹守護霊　いやあ、だから、「敗れる」と思ったら、大阪都（おおさかと）に逃（に）げ込（こ）んで、大阪都知事を目指しますよ。うん。それは判断だよ。

酒井　それは、「国政に出てから引っ込む」という意味ですか。

橋下徹守護霊　それは、出る前にちゃんと読みますよ。「勝ち目があるかどうか」っていうのはね。

酒井　いや、マスコミは、たぶん、国政に出る前に、思いきり持ち上げますよ。落とすのは、国会議員になってからですよ。

橋下徹守護霊　いやいや、持ち上げないやつも出てきたからさあ。「二百議席取る」とか言うて、持ち上げとるかと思ったら、「三十議席ぐらいしか取れない」とか言うのも出てきて、それが本当だったら、出ないかもしれないし……。

酒井　「サンデー毎日」では、それぐらいしか出ていませんでしたねえ。

橋下徹守護霊　ええ。だったら、出ないかもしれない。それであれば、大阪都知事のほうがいいなあ。面白(おもしろ)いなあ。日本国を半分に割ってやる。私のほうは中国と国交して、東日本はロシアと国交して、やったらいいわ。で、小笠原(おがさわら)諸島はアメリカと国交したらいいんじゃないか。

今のところ、マスコミ操縦はうまくいっている？

酒井　要するに、「あなたのために、この世はある」ということですね。

橋下徹守護霊　そうです。ええ、そのとおりです。

酒井　そういうことですね。

橋下徹守護霊　ええ、そのとおり。そのために生まれてきたんですよ。

酒井　「あなたのために、国民はいる」と？

橋下徹守護霊　そのために生まれてきたんですよ。

酒井　ああ。

橋下徹守護霊　私のために、国家は……。

黒川　橋下さんが政治を志したきっかけは、何だったのですか。

橋下徹守護霊　いや、それは、もう、国民を救いたいんだ。

酒井　それはおかしい。

黒川　ご自身の著書の『まっとう勝負！』では、「別に政治家を志す動機づけが権力欲や名誉欲でもいいじゃないか！」と書かれていますが、この権力欲、名誉欲というのは……。

橋下徹守護霊　ああ、それはいかんね。それを言うと、ホリエモンみたいに見えるねえ。

黒川　ええ。

橋下徹守護霊　気をつけないといけない。

黒川　「本当にそっくりだなあ」と思いますが……。

橋下徹守護霊　ああ、それは気をつけないといけないね。

黒川　そこに本音が表れているのではありませんか。

橋下徹守護霊　それはねえ、マスコミを挑発する手だからね。そうやってやると、嚙み付いてくるやろ？　熊なんかも、「自分の尻尾でシャケを釣る」とか言うじゃないか。な？　だから、まあ、そういうものを垂らしたら、食いついてくっからさあ。

黒川　つまり、「本心ではない」ということですね。では、本心は？

橋下徹守護霊　本心でなくても、本能的に、そういう芸ができるんだよ。そうやってやりゃあ、食いついてくるところが必ず出てくるから、それに引っ掛かってくるやつを待ってんだよ。

黒川　本心を教えていただけませんか。

橋下徹守護霊　本心？

黒川　何のために、政治家になろうとしたのですか。

橋下徹守護霊　それは、君ねえ、早稲田大学政治経済学部ってのは、やっぱり、政治を教えるところだからね。うんうん。法律家になったのは、飯を食うためだから。

綾織　日本のトップを目指そうとされているとは思うのですが、本当に、それにとどまるおつもりですか。

橋下徹守護霊　今の野田さんよりは、俺のほうが頭いいよ、たぶん。

綾織　はい、はい。

橋下徹守護霊　うん。絶対に頭がいい。俺のほうがいい。あんなひどくねえや。やっぱり、あれはボケてるわな。

綾織　もっと何か、首相にとどまらない野望がありますか。

橋下徹守護霊　日本の首相よりも、もっと大きな野望ったら、何だろうねえ。何だろう。ああ、中華帝国の皇帝か。

綾織　（苦笑）とりあえず、権力が握（にぎ）れれば、やはり、「それでよし」とするわけですか。

橋下徹守護霊　うーん。まあ、何て言うかねえ、今んところ、そこまで固まってないからさあ。構想が固まってないし、はっきり言ったら、敵もまた、そういうところを狙（ねら）ってくるからね。「言っていいこと」と「悪いこと」、「挑発していい部分」と「そこまではしないところ」と、やっぱり、そのへんの駆（か）け引きが問題だな。

でも、今んところ、君たちの三年前よりは、俺のほうが、マスコミ操縦はうまいこといってるような気がするし……。

酒井　実際は、マスコミに操縦されているかもしれませんけれどもね。

橋下徹守護霊　いや、でも、まあ、行政経験もゼロじゃないからねえ。何年か経験があるからさ。

6　幸福実現党との共闘（きょうとう）の可能性

「組織と金と政策だけ提供してほしい」という本音

綾織　先ほど、「幸福実現党の経験に学んだ部分がある」とおっしゃっていましたが、今の幸福実現党に対して、「どのように戦っていけばよい」と考えられますか。

橋下徹守護霊　それはねえ、私を党首にすることだね。だから、合体して……。

綾織　はあ。

橋下徹守護霊　あんたがたは、いちおう、組織を持ってるから、組織と金だけ頂ければいいし、あと、政策も提供していただいていいけど、「顔」は私にしたほうがいい。

綾織　それを打診（だしん）すれば、呑（の）みますか。

橋下徹守護霊　あの立木（ついき）じゃあ、勝てない。

綾織　いやいや、そんなことはないと思いますけれども……。

橋下徹守護霊　俺（おれ）を党首にしたら、「天下取り」、まさしく二百議席に向かって突（つ）き進む。

酒井　だけど、あなたは、必要がなくなったら、すぐ切るでしょう？

橋下徹守護霊　そうだよ。もちろん。

酒井　まったく礼儀（れいぎ）のない人ですよねえ。

橋下徹守護霊　え、礼？　何が？

酒井　礼の精神がないですよね。

橋下徹守護霊　礼金がない？

酒井　いや、「礼の精神がない」と言っているんです。

橋下徹守護霊　ああ、礼の精神。そんなものないよ。

黒川　公明党を利用しているのと同じ考えですか。

橋下徹守護霊　そら、何だって使いますよ。

酒井　そして、使い物にならなくなったら、すぐ切るわけですね。

橋下徹守護霊　君たちは、今、顔が欲しいんだ、顔がね。君たちには顔が要るんだよ。だから、俺の顔、貸してやるよ。

酒井　それは、われわれの理念を……。

橋下徹守護霊　いくらぐらい金を持ってるか、はっきり言ってくれよ。それが知りたいんだ、ほんとは。

黒川　いや、お金の問題ではなくて……。

橋下徹守護霊　金、いくら出るの？　宗教から、いくら、金を出せるんだよ。どこまで出せるんだ？　この場で、それ、はっきりさせてくれよ。

黒川　いえいえ。政治理念とか、そういう……。

橋下徹守護霊　だから、君らと組んだら、いくら金を出してくるんだよ。

酒井　あなたはお金が欲しいんですね。

橋下徹守護霊　私が顔を貸してやったら、いくら金を出す？　〝顔料〟として。みかじめ料、いくら寄こすんだ？　ああ？

酒井　それでは、ヤクザと変わらないではないですか。

橋下徹守護霊　ああ、そうだよ、一緒だよ。俺がテリトリーに入れてやったら、君ら、勝てるからさ。

酒井　そうすると、あなたは、今、自分と組んでいる人間に、全部、「金を出せ」と言って、出させているわけですか。

橋下徹守護霊　出させてるじゃない。おまえらみたいに、自分らで金を出して、十二億円だか、十一億円だか知らんけど、「ドブに捨てた」なんて言われて……。

酒井　そのお金はどこから出ているんですか。

橋下徹守護霊　ええ？　自分でみんな出してくるんだよ。

酒井　あなたのスポンサーは誰？

橋下徹守護霊　だから、今ねえ、俺にいちばん必要なのはスポンサーだ。

酒井　誰なんですか、スポンサーは。

橋下徹守護霊　スポンサーはつかない。だから、宗教を狙ってるけど、宗教で政治に、かなり意欲を燃やしてるのは、創価学会と幸福の科学しかねえだろう。

創価学会は公明党を持ってるからさあ、その金なんか、出てきやしねえから……。

酒井　では、あなたのスポンサーは公明党ではない？

橋下徹守護霊　いやいや。ここ（幸福の科学）は、スポンサーの可能性があるから、今、探ってんだよ。

酒井　今、あなたのメインのスポンサーは誰ですか。

橋下徹守護霊　ええ？　メインのスポンサーなんかないよ。俺は顔だけで通っちゃうから。俺はいないけど、国政を担うために何百議席か取ろうとしたら、それは、かなりの金が要るわなあ。だから、あんたがたみたく、「ポンポンポンポン、五十億、百億、二百億と使える」っていうんやったら、話は違うわ。

酒井　そのためには手段を選ばないのですか。あなたは、理想や思想、考え方の違う人とも手を組むわけですね。

「維新」という言葉を使った理由

橋下徹守護霊　私は、「エル・カンターレを地上に送り込んだ人間」だからさあ、君たちの信仰を集めたって構わないのよ。

酒井　いや、もう、その発言のあった時点で、誰もついていきませんけれどもね。

橋下徹守護霊　私、過去世がないから、この地上に初めて生まれた可能性があるんだよ。な？　いくら考えても思いつかないからさあ。

酒井　まあ、「過去世は言えない。言ったらまずい人だ」ということだけは、よく分かりました。

橋下徹守護霊　だから、一つ言ったじゃないか、「マキャベリかもしれない」って。

酒井　いやいやいや、もう、それはないですから。「言ったらまずい人だ」ということは分かりました。過去世を言ったら、一挙に人気がなくなるのでしょう。

橋下徹守護霊　うーん。でも、とにかく、立木じゃ、勝てないよ。俺に替えなさい、党首を。だから、もう、合体しよう。そして、名前を「幸福維新の会」に変えよう。なあ。

黒川　「幸福維新」というのは、幸福実現党が、二〇〇九年の総選挙のときから言っていることなんですけれども……。

橋下徹守護霊　あ、そっか。言ってたのか。じゃあ、「維新幸福の会」に変えよう。

黒川　あなたは、うちの「維新」を〝パクった〟のではないですか。

橋下徹守護霊　いや、そんなことはない。「維新」なんて、明治前から、ずっと使われてんだ。

黒川　いえいえ。当会は、映画「ファイナル・ジャッジメント」でも、「未来維新党」という名前を出しているんです。

橋下徹守護霊　いやあ、それは、君らがまねしたんだろう。

酒井　違う。あなたのほうがまねしたんですよ。

黒川　そうです。維新の会ができる前から、この映画の企画はありました。

橋下徹守護霊　まあ、とりあえず、選挙資金として、二百億用意してくれれば、俺は顔になってやってもいいよ。

黒川　われわれは、理想や国家観が違う方とは一緒にできませんので……。

酒井　節操のない人とは組めないですよ。

橋下徹守護霊　いやあ、政策ぐらい、いくらでも調整するよ。

酒井　それは結構です。あなたは、どうせ、必要がなくなったら切るんでしょうから。

橋下徹守護霊　俺の顔さえあれば、どんな政策だって通るんだからさあ。

酒井　通りません。あなたと共倒(ともだお)れになるつもりはないんです。

橋下徹守護霊　通るんだよ。宗教だから嫌(きら)われてるので、俺みたいに、宗教感を出さない人間だったら通るわけよ。

酒井　あなたは、やはり、芸能界の〝ぽっと出(で)〟の芸能人とほとんど変わらないですね。たぶん、あなたは、そんなに長くないですよ。

橋下徹守護霊　そんなことないよ。君ね、芸能界だって、トップを張るためには、そうとうな修練が要るわけだから……。

酒井　修練したって、今、芸能界では、そんなに長く活躍できないんですから。あなたも飽きられたら、もう……。

橋下徹守護霊　あ、立木をなあ、「行列のできる法律相談所」に出してみろよ。視聴率、たちまち下落だぜ。もう、ほんと、あっという間に打ち切りになる。

黒川　（苦笑）党首は芸能人ではありませんので。

橋下徹守護霊　ええ？

酒井　とにかく、あなたには、思想がないし、理想がないんです。

橋下徹守護霊　理想はありますよ。

酒井　理想がないので、あなたは、もう、本当に〝ぽっと出〟で終わりますよ。

黒川　その理想をぜひ語っていただきたい。

橋下徹守護霊　学生時代から、もう、本当に理想に燃えてましたから。

酒井　何の理想ですか。

橋下徹守護霊　「すべての国民が飢えることなく、幸福な生活を追求できるような世の中をつくりたい」という理想を、清く正しい心で、若いうちから持ってましたから。

綾織　それは、憲法に書いてあるままなんですけれども……。

橋下徹守護霊　（笑）（舌を出す）まあ、いいじゃねえか。

7 「政治的信念」の検証

「保守的な教育政策」を打ち出す真の理由とは

黒川　少し話題を変えまして、教育政策について、お伺いしたいと思います。

橋下市長の教育政策の旗頭でもあります日教組問題につきましては、われわれとしても理解できる部分がありますし、学力テストの公開や習熟度別授業、バウチャー制度なども理解できるところです。

ただ、保守としての核心部分、例えば、「君が代の起立斉唱」「国旗掲揚」ということなどは、やはり、ご自身の愛国心や国家観に基づいて、本心からおっしゃっていることなのでしょうか。いったい、どういう信念で、こういう教育政策を打ち出されているのかを教えていただければと思います。

橋下徹守護霊　うーん、まあ、石原(いしはら)さんが喜ぶからなあ。そういう言い方をすると、石原さん、喜ぶだろう？　だから、あそこは、ちょっと使いたいのでね。あそこで、自民党の石原伸晃(のぶてる)幹事長のところの首根っこを押(お)さえられるからなあ。自民党支配ができる可能性がある。

黒川　つまり、「自民党乗っ取り作戦」として、こうした教育政策を打ち出しているわけですね。

橋下徹守護霊　そう。自民党も乗っ取りたい。野党だから、いちおう、復権したいだろう？　谷垣(たにがき)じゃあ、勝てるわけないじゃない。

だから、もう、「次、小泉進次郎(こいずみしんじろう)か」って言ってるぐらいでしょう？　「小泉を立てて、首相を狙(ねら)うか」なんて言っている。

小泉進次郎がなるぐらいやったら、やっぱり、わしがやったほうがなあ、そらあ、もうちょっと、それらしいわなあ。

ヒトラーほど凶暴(きょうぼう)ではないが、プーチンぐらいはやりたい

綾織　最終的には、各政党がなくなったほうがいいですか。

橋下徹守護霊　ええ？

綾織　全部吸収して、一党になったほうがいいのですか。

橋下徹守護霊　うーん。なんか、君、「大政翼賛会(たいせいよくさんかい)」って言葉を引きずり出そうとしてるんだろう。

綾織　いえいえ。そういうつもりは……。

橋下徹守護霊　俺(おれ)だって、そのぐらい分かるんだよ。

綾織　いえいえ、「どういう政治をやりたいのかな」という素朴(そぼく)な疑問です。

橋下徹守護霊　ええ？　もう、首相公選制にして、まあ、君たちの大統領制でもいいよ、うん。首相公選制か大統領制にして、あとは、俺が法律を乱発するから、それで、

国を動かしちゃったらいいよ。国会は、承認だけしとりゃいいんじゃない？

綾織　そういうやり方だと、本当に、ヒトラーの授権法の世界ですね。

橋下徹守護霊　いや、ヒトラーじゃないけど、まあ、プーチンぐらいはやりたいな。
うーん、プーチンぐらいはやりたい。気分としてはな。

酒井　ただ、ヒトラー的ですね。

橋下徹守護霊　今の年から見ると、俺は、あと三十年はできるからね。

酒井　手法は、とにかくヒトラーですねえ。

橋下徹守護霊　まあ、そう言っても、それ、凶暴じゃないか。俺は、恐喝商法ぐらいまではできるけども、それ以上はやらないから。

酒井　しかし、国民も何もかも、全部が手段じゃないですか。

橋下徹守護霊　いや、ガス室に入れて殺したりはしないよ。

酒井　いやいやいや。

橋下徹守護霊　そこまではしないよ。

信じられるのは「現実的なもの」だけ？

酒井　ただ、あなたは、利用できるものを、すべて手段として利用する。

橋下徹守護霊　うーん、それはやりますけども、まあ、それは……。

酒井　それで、必要がなくなったら、ポイッと捨てますよね。

橋下徹守護霊　「捨てる」って……。俺はだね、情が深いんだよ、けっこう。

酒井　だけど、最初に選挙応援をしてくれた会長が亡くなられたとき、あなたは、お葬式にも出なかったそうですね。

橋下徹守護霊　いや、それは、忙しかったからだ。忙しい人は、みんなそうでしょう。しかたないっしょ？

酒井　いやいや。「いちばん最初の支援者だった」という方に対しても……。

橋下徹守護霊　俺はねえ、もう、肉親の情とか、そんなものに裏切られっぱなしだからね。いろんな人に、よく捨てられましたからねえ。

酒井　「裏切り」という言葉が、よく出てきますよね。

橋下徹守護霊　そらあ、いじめも受けてるわ。

酒井　あなたは、人を信じていないのですか。

橋下徹守護霊　ええ。信じられるのは現実的なものだけだよ。なあ。

酒井　人を信じられない？

橋下徹守護霊　現実的なものだよ。具体的な権力とか、具体的なお金とかね。まあ、私に忠誠を誓(ちか)う家来ができれば……。

酒井　では、世の中に対して、「復讐(ふくしゅう)したい」という気持ちが強いんですね。

橋下徹守護霊　復讐したい気持ちなんか、全然ありません。

酒井　全然ない？

橋下徹守護霊　「世の中を服従させたい」っていう気持ちはいっぱいありますけども……。

綾織　服従させたいんですか。

橋下徹守護霊　ええ。服従させたい。

綾織　服従させたいわけですね。

橋下徹守護霊　「服従させたい」っていう気持ちはあるけど、「復讐したい」っていう気持ちなんか、ありません。

「ハシズム」と評されるのは名誉なこと？

黒川　「ハシズム」と言われるのは、うれしいですか。

橋下徹守護霊　「ハシズム」……。まあ、「名前を冠された」ってことは名誉で、このレベルで「ヒトラーに比肩された」ってことは、とっても名誉ある行為かとは思いますよ。

まあ、「ヒトラーも途中までは成功した」と、大川さんも言うとるやないの。だから、途中まで成功したら、そこだけ取りゃあいいわけであって、それから先に、ちょっと、考えを変えればいいわけでしょ？

私は、「ガス室で、みんなを殺そう」なんて思わないからさあ。「ユダヤ人、皆殺し」みたいなの、私、好きじゃないの。私は、殺される側の人間だからね。それだったら、そっちになるからさあ。

私は、日本のエスタブリッシュメント（支配階級）になかなか入れなくて苦しんだほうだからさ。これから、入っていこうとしてるところだから、まだ実際は、階級闘争(とうそう)をやってるわけよ。才能一つで這(は)い上がっていこうとしてんだから。うん。

綾織　まあ、「官僚(かんりょう)のやっていることの逆をやる」というだけで、特に、何かをイメージされているわけではないんですね。そのときのテーマで、逆のことを……。

橋下徹守護霊　いや、イメージはあるよ。大川隆法さんがいっぱい本を書いてくれてるから、構想は、そこに全部書いてあるじゃん。

酒井　要するに〝パクリ〟ですよね。

橋下徹守護霊　ああ、だから、それから選んでやるよ。やることは、いくらでもあるじゃない。

酒井　あなたは、「国家社会主義」について、どう思いますか。

橋下徹守護霊　「国家社会主義」って、まだ、そこまで考えてない。

酒井　でも、最終的には、そこまで行きますよね。

橋下徹守護霊　まあ、今、ほとんど一人でやってんのに、国家社会主義も何もないだろう。それはないよ、君。うん。まだ一人だ。

国家社会主義は、君らのほうが、まだ得意だろう。そらあ、全国組織持ってんだから、国家社会主義は近いよ。俺は、まだ持ってないんだからさあ。

綾織　いえいえ。

酒井　あなたの思想から行くと、そうなっていきますからね。あなたは、共産主義的なものにも惹かれているし……。

橋下徹守護霊　そらあ、「貧しい者を救いたい」っていう気持ちは、宗教と一緒だよ。

酒井　ヒトラー的な手法も使うし……。

橋下徹守護霊　それはねえ、やっぱり、「彼は、参謀本部みたいなエリートじゃなかったけど、国の指導者になれた」っちゅうところが素晴らしいし……。

酒井　そんなに崇拝（すうはい）していることからすると、あなたは、ヒトラーから何か指導を受けているのではありませんか。

橋下徹守護霊　君、それは言いすぎですよ。ヒトラーに対して失礼でしょう。

酒井　別に失礼なことはないでしょう。

橋下徹守護霊　ヒトラーは、今、中国を指導するので忙しいんだからさ、私なんか指導してる暇（ひま）ないんですよ。

酒井　あなた、よく知っているじゃないですか。

橋下徹守護霊　ええ？

橋下守護霊に〝軍師〟がアドバイスしていること

綾織　誰（だれ）か、接点を持ちに来ているとは思うんですけれども、あなたのところには、誰がいらっしゃっていますか。

橋下徹守護霊　え？　接点？

酒井　あなたの〝お師匠さん〟ですね。

綾織　ヒトラーでないとすれば……。

橋下徹守護霊　攻めがなかなか厳しいなあ。やっぱ、「三人揃うと文殊の智恵」とは、よう言うたもんだなあ。

綾織　それで誰と、よく話をされていますか。誰から、アドバイスを受けたりされますか。

橋下徹守護霊　うーん、「軍師は、今、必要だなあ」と、ほんと、つくづく感じています。

綾織　はい。そうですよね。

橋下徹守護霊　「軍師は必要だなあ」と思う。その軍師の声は聞こえてくる。

綾織　どんなことを言っていますか。

橋下徹守護霊　それはねえ、やっぱりねえ、「幸福の科学の力をうまいこと吸い取れ」と言っている。その軍師はね。

だから、何て言うの？　あるじゃない。幼虫に取り付いて、中身だけ吸い取るやつ。

黒川　寄生虫ですか。

橋下徹守護霊　ああ、そうだ。なんか、そんなのあるじゃん。蜂(はち)かなんかの幼虫みたいに、中身だけ吸い取ってるやつ。な？

あんな感じで、「幸福の科学の政治への野望のところをうまいこと吸い取って、ついでに、宗教のおいしいところ、人や運動力や金銭や、そういう権力欲をうまいこと吸い取って、足場に使え」というアドバイスは、やっぱり、いろんなところから来るなあ。

綾織　その人は、今後、橋下さんが国政に出るに当たって、「どういう戦略がいちばんいい」とアドバイスされていますか。

橋下徹守護霊　うん、だから、「政策は、大川隆法の政策で、たぶん、かなりいけるけど、宗教のところが引っ掛かって、天下取りできねえから、おまえが代わりに取ってやったらいい。そういうふりしてやりゃいいんだ」と言ってる。

「大阪維新の会」が国政に出るための選挙戦略

綾織　幸福の科学との関係以外の「全体の戦略」については、どういうアドバイスがありますか。

橋下徹守護霊　「全体の戦略」っちゅうと、どういうの？

綾織　「大阪維新の会」として、国政に出ていく上での選挙戦略とか……。

橋下徹守護霊　みんなの党とかは、組織もろくにないし、金もねえから、どうせもうすぐ立ち枯れるからさあ。

俺んところも組織をつくらなきゃいけないし、小沢のところも、もうすぐ盟主がいなくなる寸前だろうからさ、やっぱり、どっか乗っ取らなきゃ無理なので、足場をつくるために、どっかの組織を乗っ取らなきゃいけない。
それも一つじゃ駄目だから、まあ、二つ三つを糾合しなきゃいけないね。
それを上手にやらないかんからさ、やっぱり、八方美人しながら、うまいことまとめて、怖いところと、優しいところと、両方を使い分けて、やっていかなきゃいけないな。

幸福の科学は、残念だろうけど、そのままじゃ、あんた、ゼロ議席じゃん。かわいそうじゃん。

綾織　いえいえ、それは、しばらくの間だけですので……。

橋下徹守護霊　俺の名前、貸してやるよ、しっかり奉仕してくれたら。

酒井　いや、幸福実現党は、あなたみたいに、正論だか何だか分からないような、意見のない団体とは違うんですよ。うちは正論を言い続けるんです。

橋下徹守護霊　「意見がない」っていうか、私は、国民の支持が欲しいだけで……。

酒井　コロコロ変わるじゃないですか。

橋下徹守護霊　あの立木（ついき）より、私のほうが器用なだけよ。

酒井　「器用なだけ」って、あなたは、原発に関する意見だって、コロッと変わるじゃないですか。

橋下徹守護霊　うん？

黒川　政治信念がないですね。

橋下徹守護霊　それはそうよ。だって、もし、デモをされたりして、人気が落ちるといけないいじゃない。

酒井　デモ一発で、そんな簡単に翻（ひるがえ）す信念なんですか。

橋下徹守護霊　え？　そらあ、もう、私の信念なんていうのは、障子（しょうじ）より薄（うす）いよ、君ぃ。何言ってるのよ（会場笑）。

綾織　今日のテーマは、「宰相の器かどうか」という検証なんですけれども……。

橋下徹守護霊　いやあ、最近は、丈夫な障子もできてるから、なかなか破れないらしいけどね。

綾織　もう、まったく、「宰相としての器はゼロ」という結論になってしまいますね。

橋下徹守護霊　まあ、それは、でも、何て言うか、「器」でしょうから、国会答弁をやらしたら、野党も攻撃しづらいでしょう、私みたいな器だと。

綾織　国会のなかでは、そうかもしれませんけれども、実際には、仕事がありますので、それ自体は、やはり、見識がないと難しいですね。

橋下徹守護霊　君らも、しっかり、私を持ち上げて、私の虚像を大きくして、マスコミに持ち上げさせてくれたらいい。

「金はないけど口は立つ」が早稲田（わせだ）の本領？

酒井　早稲田（わせだ）の政経出身で、「ああ言えば上祐（じょうゆう）」という人間がいましたが（元・オウム教の幹部）、あなたは、彼と似ていますねえ。

橋下徹守護霊　あれは政経じゃない。

酒井　え？　政経ではないですか。

橋下徹守護霊　ああ。あれは、理工だよ。

酒井　理工だったかな？　ただ、似ていますよね。

橋下徹守護霊　君、なんで、そんなにねえ……。君、霊能者（れいのうしゃ）か。いや、それ、さっきねえ、大川さんが話してたよ。

酒井　（笑）あ、そうですか。

橋下徹守護霊　なんで、おんなじこと……。三回当たったよ。これ、どういうことだ？

酒井　あなたは、彼と、何か霊的に関係があるのではないですか。

橋下徹守護霊　いや、関係はないけど、あそこの政党は、ちょっと差別……。

酒井　あの政党というか、あの人です。

橋下徹守護霊　いや、あの人は、差別され……。

酒井　「ああ言えば上祐」という人です。あなたも、本当に、「ああ言えば、こう言う」というような人ですからね。

橋下徹守護霊　まあ、それはそうなんだよ。

酒井　そっくりですよ。

橋下徹守護霊　彼は弁論術をやってたからね。早稲田は、そういう弁論術っていうのが、一種の……。

酒井　いやいや、それは別に早稲田の象徴ではないですよ。

橋下徹守護霊　ええ？　早稲田の象徴だって。君も弁論術で、今、飯を食ってんだよ。

酒井　そんなことはありません。

橋下徹守護霊　中身は別にないんだけど、弁論術でもって相手をいじめる術が長けてるために、今、そういうところに座ってるやん。これが早稲田の本領なんだよな。

酒井　（苦笑）ああ、そうなんですか。

橋下徹守護霊　金はないけど、口は立つ。

酒井　ただ、あなたみたいに、コロコロ変わりませんから、私は。

橋下徹守護霊　私は別に、コロコロ変わらない。まったく変わってない。

酒井　いや、あなたは、玉虫色というか……。

橋下徹守護霊　私はねえ、もう、エル・カンターレのように七色光線を発してるのよ。

すべてを包んでるのよ。だから、コロコロ変わってるわけじゃない。

黒川　まあ、「宰相の器かどうか」というのが、今日のテーマなんですけれども……。

橋下徹守護霊　あ、それはもう器です。

黒川　弁論術やディベート術が高いのは分かりますが……。

橋下徹守護霊　ああ、間違いないです。

黒川　それだけでは宰相はできないんです。政治哲学（てつがく）、信念、理想、国家観……。

橋下徹守護霊　人気が取れなければ、まずは宰相になれない。

黒川　いいえ。これらがないと、宰相にはなれません。

橋下徹守護霊　君らから見たら、私が言ってることは非常にレベルが低く見えるけれども、テレビに出してみたら視聴率（しちょうりつ）がグワーッと取れるんだよ。

黒川　いずれ国民も分かります。

国家百年の計は「これから考える」

酒井　では、あなた、「国家百年の計」を語ってみてくださいよ。

橋下徹守護霊　それはないよ。

酒井　ないでしょう？

橋下徹守護霊　うん。これから考える。一秒以内に考えられる。

酒井　それは無理ですよ（苦笑）。

橋下徹守護霊　ええ？

黒川　あなたは反射神経だけで生きていらっしゃるように見えるんですけれども……。

橋下徹守護霊　反射神経っていうのは、頭の回転の速さよ。

黒川　反射神経がいいというか、頭の回転が速いのは分かりますが……。

橋下徹守護霊　そらあ、司法試験では、短答式試験をやるために反射神経が要るからね。

黒川　反射神経だけで宰相はできないです。もっと長期的な「国家百年の計」、国家ビジョン、未来ビジョンというものを示せなければ……。

橋下徹守護霊　だから、それはねえ、大川総裁が考えてくれてるから……。

酒井　あなたの考えを訊いているんです。

橋下徹守護霊　え？

酒井　「文藝春秋」のこの記事は、ちょっと失敗しましたね。

橋下徹守護霊　いやあ、でも、両方書いてんじゃない？

酒井　「失敗した」というか、これは、要するに、あなたを食い物にするための記事で、おそらく、もう、見透かされていますよ。

橋下徹守護霊　それは食い物にする気はあるだろうよ。みんな、それはそうだろうよ。いや、「こっちも食われながら、向こうを食い返さなきゃいけない」っていうのが、政治家の仕事……。

酒井　まあ、あなたは、「マスコミを儲けさせるために出てきた」ということですね。

橋下徹守護霊　いやぁ、そうでなくて、「儲けてる」と思わせて、やつらを利用するのが手だからさ。これは、お金がない人間の特徴だからさぁ。

政治資金が集まれば「信念」はできるのか

酒井　ただ、あなたには、いわゆる政治的な信念が何もないので、政治家になる必要はないですよ。商売でもやったほうがいいんじゃないですか。

橋下徹守護霊　あんたがたに信念があるのは、職員の献金が、いや、職員じゃないわ、信者の献金があるから信念があるんで、信者の献金がなかったら信念ないよ、あんたがただって。

酒井　いや、そうではなくて、われわれには、きちんと、「理想」というものがあるんです。

橋下徹守護霊　ないないない。

酒井　あなたに、「ない」と言われる筋合いはないですよ。

橋下徹守護霊　私にだって、政治献金が集まれば、別に、信念はできますよ。

酒井　あなたは、要するに、「お金を集めたい」というだけでしょう?

橋下徹守護霊　私は、金なくして勝とうとしてるから、こうなってるわけよ。

酒井　では、あなたは、何のために、お金を集めているのですか。

橋下徹守護霊　それはねえ、やっぱり、「ハシズム」を国教にするためですよ。

酒井　「ハシズム」を国教にする?

橋下徹守護霊　うん。

綾織　あなたには、宗教的な考え方もあるわけですね。

橋下徹守護霊　そうよ。私は、ある意味では、教祖なんですよ。

綾織　ほう。

橋下徹守護霊　教祖にもなれる。私は、もう、神がかったふりぐらい、簡単にできますから。もう、ヒトラーみたいに、（両腕を上げて震わせながら天を仰ぐポーズをしつつ）「ウオオオー！」と神がかったらいいんでしょう？　百万人ぐらいの前で、「ウワアーッ」とやればいいんや。

綾織　ほお。それは、つまり、「思想的な部分に対しても、ある程度、制限をかけていく」という方向になるわけですね。

橋下徹守護霊　うん？　思想的なところで制限を掛ける？

綾織　「政治だけではない」ということになりますね。

橋下徹守護霊　まあ、今んところは、そういうつもりはないけど、中国になんか言われたら、言い返すぐらいの力はあるから、そういう意味では、今までの政治家よりは、ずーっと強いんじゃないか。

酒井　あなたは、これが本になったら、また、何か、すごく罵るんじゃないですか。

橋下徹守護霊　罵ったりしませんよ。私は、大川隆法先生を、もう、尊敬して尊敬して、ほんとに、師と仰いでいますから。

酒井　ああ、「今は、まだ、幸福実現党を使いたい」ということですね。そういうことですね。

橋下徹守護霊　いやあ、「二百億ぐらいくれたらいいなあ」と思っていますけども、まあ、尊敬して尊敬して、もうほんとに、心の底から……。

酒井　ただ、あなたは、批判されると罵るじゃないですか。

橋下徹守護霊　いや、それは、そうすると相手が怒ってくるから、面白いだけじゃない。

酒井　「テレビ受けする」ということですか。

橋下徹守護霊　まあ、そういうことですね。やっぱりね、有名になりたかったらね、争いを起こすことですよ。争いを起こすと有名になる。

「ハシズム」を批判する者は日本国民にあらず？

酒井　（黒川・綾織に）とにかく、話としては、もう、今、グルグルグルグル回っていて、「意味がない」ということは分かりましたねえ。

綾織　あなたの考えは非常によく分かりました。「国政を担える政治家にはなりえない」と思いますので、ぜひ、ここは、今の地方自治体の……。

橋下徹守護霊　いや、そ、そ、それ、君ね、君、それねえ、さ、三流ジャーナリストであることを、今、証明したんだよ、君！

綾織　やはり、地方自治体のレベルで、仕事をされることをお勧めします。そのほうが、長く、ずっと仕事ができますのでね。

橋下徹守護霊　君、三流ジャーナリストだよ。そういうことを言ってるとねえ、廃刊（はいかん）になるよ、廃刊に。

綾織　いえいえ。それはないです。もう読者が付いていますので。

橋下徹守護霊　ええ？　大阪では売らせんぞ！

綾織　どうぞ、ご自由にやってください。

酒井　それは言論弾圧（だんあつ）じゃないですか。

橋下徹守護霊　そのぐらいやりますよ。権力者なんですから、当然だ。

大阪都では、売らさんぞ！　君、「ザ・リバティ」は、売り上げが、ちょっと落ちるぞ。

酒井　それは、あなた、憲法違反（いはん）じゃないですか。

橋下徹守護霊　ええ？　憲法違反？　ま、憲法ぐらい、俺が解釈（かいしゃく）改憲するから、大丈夫だよ。

酒井　大丈夫なんですか。

橋下徹守護霊　うん。「ハシズム」を批判する者は日本国民にあらず。

綾織　「あなたが憲法を全部解釈して、いろいろ決める」ということですね。

橋下徹守護霊　うん。解釈改憲する。

綾織　その考え方は非常によく分かりました。「橋下総理になったら、どういう日本になるか」ということも、よく分かりました。

橋下徹守護霊　とにかく、君らはねえ、私に利用される運命にあるんだよ。

綾織　いえいえ。

橋下徹守護霊　だから、君らが政権欲をウジャウジャに持ってるのは分かるけど、残念だが、能も足りなきゃ顔も足りないし、口も足りねえから、スターを欲してる。スターが足りないの、スターがな。

酒井　いや、欲ではなくて、理想なんです。あなたと一緒にしないでくださいよ。

橋下徹守護霊　そんな理想があったって、「理想じゃ食えないんだ」って言ってんのよ。

酒井　あなたの動機は欲でしょう?

橋下徹守護霊　あなた、物を売って食ったことあんのかよ、ほんとに。ええ?

酒井　ありますよ。昔は会社員でしたから。あなたは、欲で……。

橋下徹守護霊　欲じゃないですよ。理想ですよ。

酒井　欲で動いているんでしょう?

橋下徹守護霊　理想が仕事を生んでんだよ。

黒川　理想は全然、見えてこなかったんですけれども……。

橋下徹守護霊　理想がなかったら政治家になれませんよ。

黒川　では、どういう理想ですか。

橋下徹守護霊　だから、もう発展・繁栄（はんえい）の神ですよ。ええ。それになろうとしてるわけじゃないですか。

黒川　具体的には、どういうことでしょうか。

橋下徹守護霊　私は、日本の発展・繁栄の神になるんですよ。

黒川　どうやって、日本を発展・繁栄させるんですか。

橋下徹守護霊　「ハシズム」という宗教を立てて、国教化することによって、日本の理想の神になろうと、今、してるんじゃないですか。日本の首相たちは、何にも言えないで、みんな、もう、官僚答弁読むだけですけど、私は自分の言葉で語れるんですから、これはアメリカにだってヨーロッパにだって通用しますよ。

綾織　「日本の神になる」ということですけれども、そのとき、天皇陛下はどうなりますか？　認めますか？

橋下徹守護霊　天皇陛下は、別に、サインされるだけですから。

綾織　それは、そのままで行くんですね。

橋下徹守護霊　ええ。サインされて、国会を召集されて、開会を言われて、まあ、そんで、よろしいじゃないっすか、別に。どうってことないっすけど。

私ども、下々の者が争いをして、できるのは天皇陛下が、ご存続されて……。

酒井　だって、あなたは、「エル・カンターレよりも偉い」と言っていたではないですか。

橋下徹守護霊　え？　ま、そうだね。まあ、そういう面もあるかもしれないけども。

とにかく、大川隆法さんは、私に嫉妬して嫉妬して、もう、苦しくてしょうがねえから、とうとう、『橋下徹は宰相の器か』なんて本を出すことになったんでしょう？

綾織　いいえ。国民に対する責任を果たすためにやっているわけであって、そんなことはありません。

橋下徹守護霊　だから、代行業をやるから、代行業を。私が代行してあげるから。もう、弟子たちは駄目なんだから。出来が悪いのよ。私が代行してやるから。

酒井　まあ、とにかく、国民に事実が分かってしまったので……。

橋下徹守護霊　いや、分かってないよ。だって、私には、一点の言い間違いもないから。

酒井　今、うまーくやったように見えますけど、「中身が何にもない」ということだけは、はっきりしました。

橋下徹守護霊　そ、そんなことない、そんなことない。大事なところで、ちゃんと、もう……。

「維新八策」は誰が考えたものなのか

綾織　最後にお訊きしたいことがあります。

今、〝船中八策〟ということで、次期衆院選に向けての公約集をつくられていますが、もともと、「船中八策」をつくったのは坂本龍馬であり、当会にも関係がありますので、その名前を使うのは、心外なところがあるんですけれども……。

橋下徹守護霊　あ！　私は、坂本龍馬さんとは、ほんとに仲が良かったような気がするなあ、なんとなくねえ。

綾織　仲が良かった？

酒井　そんなことを言って、大丈夫なんですか。

橋下徹守護霊　ま、大丈夫だよ、分かりゃしないから。

酒井　（苦笑）

橋下徹守護霊　それは大丈夫だけど、まあ……。

黒川　坂本龍馬先生は、幸福実現党の応援団長をしてくださっていますけれども、「大阪維新の会」は応援していないのではないかと思います。

橋下徹守護霊　へえ。維新の会も応援してんじゃないかなあ。

綾織　今日の話を聞けば、「応援しない」という判断になると思います。

橋下徹守護霊　そんなことはないでしょう。寺田屋、伏見屋、みんな関西だよ。

綾織　いや、「関西だから」と言って、関係ないです。

橋下徹守護霊　うーん。東京には、彼、あまり縁がないのよ。うんうん。土佐藩邸ぐらいしかないんじゃないかな？

いやあ、「『維新八策』は龍馬さんのインスピレーションだ」と私は思うなあ。

酒井　インスピレーションというか、あれについて、あなたは、たぶん考えていないでしょう。

橋下徹守護霊　え？

黒川　非常に、付け焼き刃の感じがしますけれども……。

酒井　前横浜市長の人（大阪市特別顧問・中田宏氏）が考えたんでしょう？

橋下徹守護霊　そんなの知らないよ。

酒井　あなたは、要するに、自分では考えないんですね。

橋下徹守護霊　いや、私は、考えるよ。瞬間的に考えるから、あまりに速いために、自分で考えたように思われないだけなのよ。瞬間的に考えるから……。

黒川　結論として、もう、「反射神経だけで、政治をされている」という感じがします。

橋下徹守護霊　それはねえ、いやあ、先輩もよく分かると思うけど、頭が良すぎる人間の悲劇って、やっぱあるんだよな、この日本に生きてるとなあ。うーん。頭が良すぎるとつらいねえ。

「大川総裁が軍師なら天下が取れる」は本音？

酒井　不毛ですので、そろそろ終了したいと思います。

綾織　まあ、あなたの「ファイナル・ジャッジメント」は、できたと思います。
　ありがとうございます。
酒井　今日は、ありがとうございました。
橋下徹守護霊　いや、全然できてないじゃない。全然、できてない。
酒井　いやいや、本当にできました。ありがとうございました。
橋下徹守護霊　全然、できてない。なーに？　これは……。
黒川「弁論術と芸能人的な資質だけでやってきた」ということが、非常によく分かりました。
橋下徹守護霊　うーん。だから、「おたく（幸福実現党）の党首に欲しい人材だ」っちゅうことだけは、はっきりしたじゃない。
酒井　うちの黒川も、名刺を出す人をちょっと間違えたかもしれません。

橋下徹守護霊　うーん……。

黒川　「立木党首のような信念や理想、志を持っていない」ということが、はっきり分かりましたので……。

橋下徹守護霊　いやあ、でもねえ、私は、何百万票も取れるんだよなあ。だけど、君なら、何百票なんだよなあ。そこが違うんだよなあ。

酒井　数ではないんです。「数がすべてだ」という考えが、専制につながっていくんですよ。

橋下徹守護霊　いや、それはねえ、君ら、国民の心をつかんでないのよ。国民はねえ……。

酒井　しかし、それが民主主義の欠点なので、それを変えていかなくてはいけないんですよ。

橋下徹守護霊　うーん。

黒川　この風も、そう長くは続かないと思います。マスコミは、あなたのことを芸能人と同じように、「持ち上げて、下ろす」と思いますので、気をつけていただきたいと思います。

酒井　そうですね。それが民主主義の弱点です。

橋下徹守護霊　いやあ、もう一回繰(く)り返すよ。私はねえ、大川隆法先生っていう人を、かねがね、ご尊敬申し上げててねえ、「年齢(ねんれい)的にも、私(わたくし)の軍師をしてくださるのに、ちょうどいい方で、〝江戸(えど)進軍〟のときに軍師をしてくだされば、天下が取れるんじゃないかなあ」と思ってるのよ。

君たち、弟子(でし)としては、応援する気、ないの?

酒井　はい。ないです。

では、どうもありがとうございました。

橋下徹守護霊　うーん。ああ、はい。

8 橋下徹守護霊との対話を終えて

口は立つが、自分の考えをはっきりさせない橋下守護霊

大川隆法　口が立つには立ちますが、話の中身のほうは、どうでしょうか。

今日は、饗庭君（幸福実現党広報本部長／全米共和党顧問〔アジア担当〕）がいなかったので、彼を質問者にすることはできませんでした。〝毒〟をもって〝毒〟にぶつけたら、どうなるか（笑）、見てみたかったのですが、彼には用事があって、アメリカの共和党の方と会っているそうです。この人（橋下氏の守護霊）と会うより、そちらのほうが大事だと思ったようですが、そうなのかもしれません。

これは、「ああ言えば、こう言う」というタイプです。なかなか達者な弁論術ではあって、自分で中身を出さないかぎり、延々と話を続けられます。「人の言ったことを投げ返す」という技を続けていれば、戦いが続いているように見えることは見えます。

ところが、自分の考えをはっきりさせたら、相手は、それを攻撃しに来るので、「守れるか、守れないか」で勝敗がつくわけです。

つまり、自分の考えをはっきりさせないことによって、「戦いを長く続けられる」というか、「期待感を引っ張ることができる」というわけですね。

黒川　橋下氏については、「大阪でも、もう人気に陰りが見え始めている」と聞いているので、国民にも底の浅さが見え始めているのかもしれません。

大川隆法　保守かどうかも微妙で、分からないですね。はっきりした左翼ではないかもしれませんが、保守かどうか、怪しいところがあります。

黒川　国家観などを聞いても、保守の信念というものは感じられません。

大川隆法　世渡りの術を研究している雰囲気があるので、それをもって保守と言うのであれば、保守なのかもしれません。それを言えば、当会のほうが、世渡りについては、ある意味では下手かもしれないですね。

ただ、彼が欲しいのは、やはり、組織とお金、それと運動員であることは明らかです。そういう意味では、宗教団体からはっきり聴きたかったのは、「いくら出せるのか」ということでしょう。「それによって、付き合い方を変える」という関係ではあるようですね。

（質問者たちに）あなたがたにも焦りはあるでしょうが、世間はよく間違えますし、マスコミも間違えますから、まあ、しかたがありません。

したがって、この人について事前に調べておくことは、よいことでしょう。

鳩山人気のときの「チェインジ」の流れ、すなわち、「変革、変革」と言い、オバマ人気に乗ろうとする、あの流れに抗して、私たちが声を上げても、国民の大多数には届かず、大勢の人がそちらへ動いていくことは止まらなかったのです。その結果が三百議席と七十パーセントの支持率です。

なぜ、あそこまで大勢の人が巻き込まれ、連れていかれるのか、不思議です。

橋下氏について、いろいろなところから、「次の総理だ」という言葉が数多く出てき始めたら、確かに、そういう風が吹いてくることも、ないとは言えません。

特に、今は自民党も民主党も共にだらしない状況にあり、国民にとっては、もう、どちらでもよい感じなので、こういうときには救世主的なものが欲しいのでしょうが、「宗教は怖い」と考えているため、国民が橋下氏のほうに行こうとしている面はあるでしょうね。

だから、彼には、自分について、ジャンヌ・ダルク風に出てきたように見せたいところはあるかもしれません。

橋下氏の本質的傾向は「旅芸人」

大川隆法　今回の霊言が、どの程度、役に立つかは分かりませんが、当会としては、「いちおう事前にチェックはしました」ということですね。私には、今まで、こういう政治的分析で失敗したことが、ほとんどないので、そう大きくは外れないと思います。

まあ、「相手を利用する」という心があれば、逆に相手に利用もされるので、そのへんについては気をつけたほうがよいでしょう。

酒井　そうですね。橋下氏が当会をかなり利用したがっていることは分かりました。

大川隆法　それはそうでしょう。市長や知事などは直接投票で選ばれるので、人気さえあればよいのでしょうが、国政になると、やはり組織が要るので、「ジバン（地盤）」も「カンバン（看板）」も「カバン（鞄）」も、みな必要になりますからね。

彼には、「幸福実現党に足りないのは〝顔〟のところだ」ということが分かっているようです。「大川総裁は有名だが、総裁が政治のほうを全面的に見たら、宗教のほうが潰れるかもしれない。そこが幸福の科学の弱点だ」と見抜いてはいるのだろうと思います。たぶん、そう思っているのでしょう。

幸福実現党には、もう一段の奮起を促したいところですが、そうでなければ、欲もなく淡々と活動するか、どちらかでしょうね。

黒川　正論を貫き、頑張ってまいります。

大川隆法　そうですね。

人間学的に見て、この人は、国民を感化するようなものが出てくる人ではないように見えます。どちらかというと、「商売をし、一時的に人気を得て、そこで取り尽くしたら、よそに移動する。そこでも取り尽くしたら、からくりがばれる前に、また、よそへ移動する」というタイプの人に見えなくはないので、スタイル的に見れば、この人の本性は旅芸人のようなものではないでしょうか。

先ほど質問者が「江戸時代」と言っていましたが、もし江戸時代に存在するとしたら、旅芸人の一座のようなものが本性ではないかと思います。「ある所で取り尽くしたら、よそに移動して、またやる」という感じに見えなくはないですね。

それでなければ、見世物小屋のようなものを開き、各地を回るタイプに見えます。

もう少し偉い人かもしれませんが、本質的には、そういう傾向を持っているように見えるため、天下国家を論じるには足りないように感じられます。人気とお金、商売というものが頭の中心で回っているかもしれません。

でも、「これが大阪人気質には合うのかもしれない」とは思いますけどね。

ゼネラルな教養が身についていない橋下氏

綾織　ヒトラーのような強権的な部分は、必ずしも彼の本質ではないのでしょうか。

大川隆法　かなりパフォーマンス的にやっている面が多いのではないでしょうか。

また、父親が自殺していることからすると、この人には意外にナイーブなところがあるのではないかと思われます。だから、この人が本当に宰相を狙い、自民党や民主党など、いろいろなところが丸ごと彼をいじめにかかってきたら、追い詰められる面があるのではないでしょうか。根本的なところで強い信念を持っていないと、それに打ち勝てないかもしれません。そういうところはあるような気がします。

この人の守護霊は、「『いかに相手を脅して、金を巻き上げるか』が弁護士業なんだ」と言っていましたが、若いころに、そういうことを実際にやっているとしたら、何らかの「カルマ返し」は来るかもしれませんね。

国民もそれほど愚かではないので、彼は、やはり、どこかで本質的なものを出さないといけないでしょう。

それと、口が立つため、彼は「官僚を使える」と思っているかもしれませんが、官僚の本質は、実は「知識の集積」にあるので、官僚を打ち破ろうとしたら、口だけでは本当は駄目なのです。口先だけでは官僚を打ち破れないのです。

口でうまく言えば、官僚を使えるように見えるかもしれません。しかし、官僚は、いわゆる「牛歩戦術」を使い、ゆっくり、ゆっくり仕事をし、「協力しない」というようなかたちで攻めてくるのです。

したがって、官僚を打ち破ろうとしたら、やはり、学者や評論家顔負けの知識で武装しなければなりません。そうでないと、官僚を使えないんですね。

そこまでは、まだ十分に掘り込めていないのではないでしょうか。そのように感じられます。

彼は弁護士なので、もちろん、法律を使って仕事をしていたでしょうが、官僚は、その法律の案を実際につくっているほうです。議会は「立法府」と言われますが、議会で法案をつくっているわけではなく、議会は法案を承認しているだけです。法案を書いているのは官僚であり、官僚は法律の原文を書いているのです。

法律を使って商売をしている人より、法案をつくる官僚のほうが源流にあり、法律については、より詳しい可能性があります。彼がいちばん得意なのは法律なのかもしれませんが、官僚を打ち破るには、法律に関しても、やはり、学者レベルぐらいまで専門知識を掘り込んでおかないと駄目なのです。

また、経済については、意外に、自分で言うほどには詳しくないのではないでしょうか。彼の場合、商売感覚のようなものは持っていても、経済に関する理論性は、それほど高くないように見えました。

それから、この人は、外交については、おそらく知らないでしょう。ほとんど知識がないと思われます。その方面の知識があったら、絶対に何かを言うでしょうが、話さなかったところを見ると、外交に関する知識はあまりないようですね。必要になれば、これから付け焼き刃で勉強するのでしょう。「一分でやる」というところでしょうか。

その意味では、彼にはゼネラルな教養が身についていないように思えます。

おそらく、大学には、ほどほどに行き、商売をして生活原資をこしらえていたのではないかと思います。あるいは、司法試験の予備校に通うためのお金を稼いでいたか、どちらかでしょうが、それでも卒業させてくれる大学なのだろうとは思います（笑）。

黒川　今回の霊言では、「橋下さんの限界が見えた」という印象を強く受けました。

橋下氏が国政を担うには、もっと勉強しなくてはいけない

大川隆法　彼には話術の才能はありますが、それはオウム教の上祐的なものです。でも、上祐には、一時期、マスコミが全部してやられましたね。

酒井　そうですね。騙されましたからね。

大川隆法　マスコミは、上祐の、「ああ言えば、こう言う」というスタイルに惑わされました。

全部を嘘で固める宗教があるとは誰も予想していなかったんですね。「良心があるから、教えや戒律に反するようなことはできないだろう。だから、少しぐらいのレトリックはありえても、根本から全部が嘘ということはあるまい」と思ったわけですが、そこを上祐に狙われましたよね。言っていることが全部嘘で、宗教学者まで丸ごと騙されました。

酒井　そうですね。

大川隆法　ええ。私は最初から騙されはしなかったのですが、ほとんどの人が騙されました。ＮＨＫまでもが騙されたぐらいです。ＮＨＫに灘校を卒業した人が勤めていたのですが、灘校時代の友達がオウム教にいたため、騙されたんですね。

橋下氏にも、それに似たものを確かに感じます。彼について、「上祐に近いものを感じる」というのは、どういうことでしょうか。

上祐も、橋下氏と同様に、暗い青春を送ったらしいのですが、どこかで変身し、宗教のほうで〝才能〟が開花したのでしょう。

（黒川に）上祐は、あなたにとって、早稲田高等学院の先輩なんじゃないですか。

黒川　高校の先輩です。

大川隆法　早稲田は〝人材〟を生んでいて、本当に大変ですね（笑）。

黒川　申し訳ございません（苦笑）。

大川隆法　早稲田出身の野田さんが、今、首相をしているから、早稲田の出身者たちが、たぶん、燃え立っているんじゃないですか。そんな感じがしますね。

橋下氏には、冒頭でも言ったように、確かに軍師が必要だと思うのですが、この人は、軍師だけで変えられるほど謙虚ではないと思います。

軍師の意見のなかで、利用できるところは利用しようとするでしょうが、自分の考えと違うところについては、たぶん、軍師の意見を聴かないと思うので、軍師が付いても、結局、その軍師は、項羽のもとを去った范増のように、彼を見限って離れていくかもしれません。

彼は自分の頭に自信があるのでしょうが、本当は、彼にとって、いちばん足りないのは「勉強」ですね。国政を牛耳るためには、もっと勉強しなければいけないと思います。そこが大事なところです。

幸福実現党の主張を、日本国民が分かるときが来る

大川隆法　当会はマスコミから批判されることもありますが、その反面、マスコミから尊敬されてもいます。それは、当会が、損得に関係なく、「真実だ」と思うことを

述べていて、マスコミの人たちをも啓蒙する部分を持っているからです。

また、幸福実現党には、「票にはならなくても、言うべきことは言う」という、武士のようなところがあります。そのため、幸福実現党の「散り際の潔さ」に対し、何とも言えない快感を感じる人も、いるのではないでしょうか。

あまりにも散り際が潔いので、そのうち、桜のように人気が出てきて、「年に一回、楽しみにしています」という感じになるかもしれません（笑）。「花びらが、一枚も残らず、みんな散っちゃうんですねえ。かわいそうに」と言われ、「桜の季節が待ち遠しくて」と思われて、人気が出るかもしれないですね。

当会は、今後も、政治活動を、長く続けていきたいと考えています。

私は、「日本国民は、それほど愚かではない」と思うので、当会の言っていることを、直近の何年かだったら分からなくても、十年もすれば、さすがに分かるのではないかと思っています。「当たっているもの」と「外れているもの」とを、ずっと見ていたら、さすがに分かるでしょう。

また、マスコミも愚かではなく、国民の平均よりは少しだけ賢いと思われるので、やがて分かってはくると思うのです。

マスコミは私の意見を参考にするでしょう。彼らは、自分たちの言ったことが結果的に外れるようでは困るので、私の意見を参考にするのではないかと思います。

橋下氏には「幅広い教養」と「啓蒙的な人生観」を望む

大川隆法　橋下氏は、まだ四十二歳であり、未完の器でしょう。

だから、私が橋下氏に申し上げたいのは、「国政で天下を取りたかったら、やはり、勉強しなければ駄目だ」ということです。

弁護士としての知識だけでは、国政を担うのは無理です。もっと幅広い教養が必要です。特に、「外交関係と経済の大きな仕組みについての勉強が足りていない」ということを、明らかに感じました。これらには商売とは違う部分があるので、もう少し勉強する必要があると思います。

それから、宗教については言葉を濁していましたが、国のトップに立つ人は、国民を啓蒙する立場に立たねばならないので、啓蒙的な人生観を持っていなくてはいけないと思います。やはり、人間として立派なところがないといけないので、そのための教養として、宗教や哲学、道徳を無視してはいけないでしょう。

日教組に対して、なぜ、あれほどまでに教育改革をやれるのか、よく知りませんが、彼には何か体験的なものがあるのかもしれません。

私たちは、別に教師いじめをしているわけではなく、「理想的な教育をしていただきたい」と申し上げているだけです。教員を減らすとか改造するとか、そういうことだけに関心があるわけでは決してなく、「教育の中身をよくしたい」と思っているだけなのです。

幸福実現党と橋下氏には、「同床異夢」のところもあるかもしれないとは思いますが、立木党首が原発の意義などを絶叫したことにより、橋下氏側では、かなり方針が転換されつつあるようです。

人気取りをするのではなく、言うべきことを言い続ける

大川隆法　今日の質問者の一人は〝ヒトラーいじめ〟をしたような人なので（注。ヒ

トラーの霊言収録の際には酒井が質問者を務めた。『国家社会主義とは何か』〔幸福の科学出版刊〕第1章参照〕、相手が少し悪かったかもしれません。もう少し簡単に騙せると、橋下氏の守護霊にとっては、よかったのだろうとは思うのですが、宗教法人は、それほど甘くはありません。本音で語っているからです。

でも、やはり、最後には、本音で語っている者がいちばん強いのです。しばらくは人を騙せても、長くは騙せません。

それから、方便として許される範囲には限界があります。一時的には、人気が取れるような方便策を打ち出してもよいとは思いますが、それは一部でなければならず、「全部が方便」ということは、ありえません。

基本的には、人気取りをするより、やはり、言うべきことを言い続け、やるべきことをやり続けなくてはなりません。それでも国民が聞き入れてくださらないのなら、それはそれで、しかたがないのです。

それには預言者としての使命のような面があるかもしれません。あとから分かることもありますし、歴史として必要なことだってあるかもしれないのです。

当会の言っていることが、悪口や誹謗(ひぼう)・中傷に聞こえる場合があるかもしれませんが、あとから見たら、そうではないことが分かると思います。

酒井　はい。非常に大切な検証だったと感じています。

大川隆法　ええ。そして、橋下氏が、「検証してもらっただけでも名誉(めいよ)なことだ」と思ってくだされば、ありがたいと思います。

酒井　はい。ありがとうございました。

あとがき

橋下徹氏の守護霊には、維新の志士のように、命を捨てて、大業を成しとげようとする志が感じられなかった。「自分より賢い人が世の中にいるわけがない」と幻惑することに執心しているかのようだ。根底には人間不信と世の中への反抗心が隠れているのだろう。

しかし、いつかは、「本心で語る政治」の大切さがわかる時が来るだろう。そしてマスコミの中にも、真実とは何かを本気で求めている人たちが存在することにも気づくことだろう。

私共、宗教家は、鏡のようなものなので、そこに映った等身大の自分を見つめることで、新しい気づきがあることを信じたい。

二〇一二年　五月十七日

国師　大川隆法

『徹底霊査　橋下徹は宰相の器か』大川隆法著作関連書籍

『平成の鬼平へのファイナル・ジャッジメント』（幸福実現党刊）
『財務省のスピリチュアル診断』（同右）
『国家社会主義とは何か』（幸福の科学出版刊）

徹底霊査　橋下徹は宰相の器か

2012年6月7日　初版第1刷

著　者　大川隆法

発　行　幸福実現党

〒107-0052 東京都港区赤坂2丁目10番8号
TEL(03)6441-0754

発　売　幸福の科学出版株式会社

〒107-0052 東京都港区赤坂2丁目10番14号
TEL(03)5573-7700
http://www.irhpress.co.jp/

印刷・製本　株式会社 東京研文社

落丁・乱丁本はおとりかえいたします

ISBN978-4-86395-208-9 C0030
Photo: 読売新聞／アフロ

大川隆法ベストセラーズ・日本経済を救う方法

平成の鬼平へのファイナル・ジャッジメント
日銀・三重野元総裁のその後を追う

20年不況の源流であり、日本の好景気を潰した三重野元総裁は死後どうなっているのか!? その金融・経済政策が、いまジャッジされる!
【幸福実現党刊】

1,400円

日銀総裁とのスピリチュアル対話
「通貨の番人」の正体

デフレ不況、超円高、財政赤字……。なぜ日銀は有効な手を打てないのか!? 日銀総裁・白川氏の守護霊インタビューでその理由が明らかに。
【幸福実現党刊】

1,400円

財務省のスピリチュアル診断
増税論は正義かそれとも悪徳か

財務省のトップへ守護霊インタヴューを敢行! 増税論の真の狙いとは? 安住大臣と、勝事務次官の本心に迫る!
【幸福実現党刊】

1,400円

幸福の科学出版

※表示価格は本体価格(税別)です。

大川隆法 ベストセラーズ・希望の未来を切り拓く

不滅の法

宇宙時代への目覚め

「霊界」、「奇跡」、「宇宙人」の存在。物質文明が封じ込めてきた不滅の真実が解き放たれようとしている。この地球の未来を切り拓くために。

2,000円

繁栄思考

無限の富を引き寄せる法則

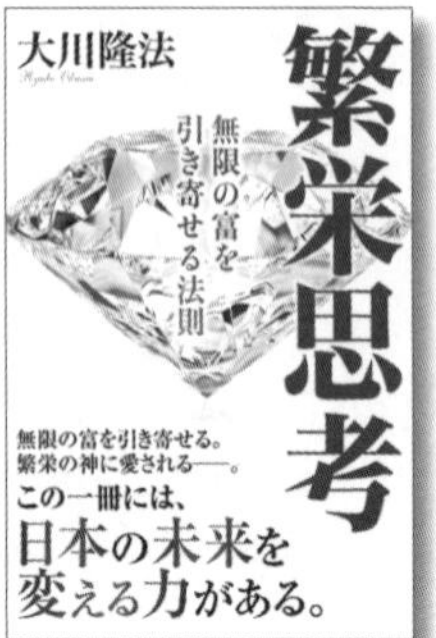

豊かになるための「人類共通の法則」が存在する。その法則を知ったとき、あなたの人生にも、繁栄という奇跡が起きる。繁栄の未来を拓く書。

2,000円

発展思考

無限の富をあなたに

豊かさ、発展、幸福、富、成功など、多くの人々が関心を持つテーマに対し、あの世からの視点をも加えて解説した成功論の決定版。

1,800円

※表示価格は本体価格（税別）です。

大川隆法ベストセラーズ・アジア情勢の行方を探る

イラン大統領 vs. イスラエル首相

中東の核戦争は回避できるのか

世界が注視するイランとイスラエルの対立。それぞれのトップの守護霊が、緊迫する中東問題の核心を赤裸々に語る。

【幸福実現党刊】

1,400円

韓国 李明博大統領のスピリチュアル・メッセージ

半島の統一と日韓の未来

ミサイル発射、核開発――。暴走する北朝鮮を、韓国はどう考えているのか。大統領守護霊が韓国の外交戦略などを語る。

【幸福実現党刊】

1,300円

台湾と沖縄に未来はあるか?

守護霊インタヴュー
馬英九台湾総統 vs. 仲井眞弘多沖縄県知事

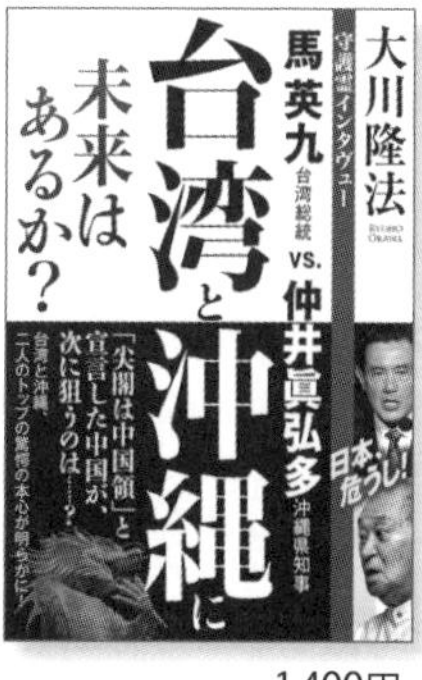

経済から中国に侵食される「台湾」。歴史から中国に洗脳される「沖縄」。トップの本音から見えてきた、予断を許さぬアジア危機の実態とは!?

【幸福実現党刊】

1,400円

大川隆法 ベストセラーズ・日本の平和を守るために

日本武尊の国防原論

緊迫するアジア有事に備えよ

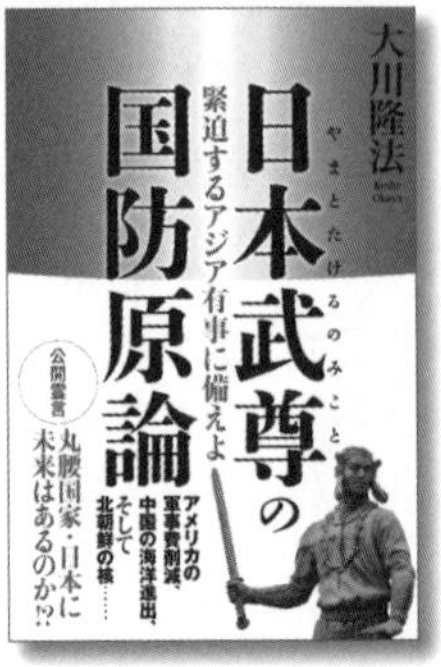

アメリカの衰退、日本を狙う中国、北朝鮮の核――。緊迫するアジア情勢に対し、日本武尊が、日本を守り抜く「必勝戦略」を語る。

【幸福実現党刊】

1,400円

平和への決断

国防なくして繁栄なし

軍備拡張を続ける中国。財政赤字に苦しみ、アジアから引いていくアメリカ。世界の潮流が変わる今、日本人が「決断」すべきこととは。

【幸福実現党刊】

1,500円

国家社会主義への警鐘

増税から始まる日本の危機

幸福実現党の名誉総裁と党首が対談。保守のふりをしながら、社会主義へとひた走る野田首相の恐るべき深層心理を見抜く。

【幸福実現党刊】

1,300円

※表示価格は本体価格(税別)です。